巻き込む力

支援を勝ち取る起業ストーリーのつくり方

エヴァン・ベアー&エヴァン・ルーミス =著
津田真吾 =訳　津嶋辰郎 =監修

GET BACKED

本書内容に関するお問い合わせについて

このたびは翔泳社の書籍をお買い上げいただき、誠にありがとうございます。弊社では、読者の皆様からのお問い合わせに適切に対応させていただくため、以下のガイドラインへのご協力をお願い致しております。下記項目をお読みいただき、手順に従ってお問い合わせください。

ご質問される前に

弊社Webサイトの「正誤表」をご参照ください。これまでに判明した正誤や追加情報を掲載しています。

正誤表　http://www.shoeisha.co.jp/book/errata/

ご質問方法

弊社Webサイトの「刊行物Q&A」をご利用ください。

刊行物Q&A　http://www.shoeisha.co.jp/book/qa/

インターネットをご利用でない場合は、FAXまたは郵便にて、下記"翔泳社 愛読者サービスセンター"までお問い合わせください。電話でのご質問は、お受けしておりません。

郵便物送付先およびFAX番号

送付先住所　〒160-0006 東京都新宿区舟町5
FAX番号　　03-5362-3818
宛先　　　　（株）翔泳社 愛読者サービスセンター

回答について

回答は、ご質問いただいた手段によってご返事申し上げます。ご質問の内容によっては、回答に数日ないしはそれ以上の期間を要する場合があります。

ご質問に際してのご注意

本書の対象を越えるもの、記述個所を特定されないもの、また読者固有の環境に起因するご質問等にはお答えできませんので、予めご了承ください。

※ 本書に記載された商品やサービスの内容や価格、URL等は変更される場合があります。

※ 本書の出版にあたっては正確な記述につとめましたが、著者や出版社などのいずれも、本書の内容に対してなんらかの保証をするものではなく、内容やサンプルに基づくいかなる運用結果に関してもいっさいの責任を負いません。

※本書に記載されている会社名、製品名はそれぞれ各社の商標および登録商標です。

GET BACKED: Craft Your Story, Build the Perfect Pitch Deck,and Launch the Venture of Your Dreams by Evan Baehr and Evan Loomis

Original work copyright ©2015　Evan Baehr and Evan Loomis

Published by arrangement with Harvard Business Review Press,Watertown,Massachusetts through Tuttle-Mori Agency,Inc.,Tokyo

目次

謝辞 004
訳者まえがき 008
監修者まえがき 010
日本の投資家からのメッセージ 012
序章 017

PART 1 | ピッチをつくる
CREATE YOUR PITCH

1 ピッチ資料の誕生 025
2 ピッチ資料の構成要素 031
3 ストーリー 055
4 デザイン 069
5 テキスト 081
6 実際のピッチ資料 089
7 ピッチ演習 151

PART 2 | 支援を得る
GET BACKED

8 スタートアップの資金調達入門 161
9 調達源の概要 167
10 紹介 187
11 構築 203
12 喜ばせる 215
13 誘う 221

おわりに 235
索引 238

| 謝辞

　このプロジェクトを手伝ってくれた方々全員に心から感謝します。その親切な援助と支援とに、改めて感謝を申し上げます。

　トレバー・ボームの絶え間ない作業と創造性なくては、この本は完成しなかったでしょう。彼はクオーターバック（訳注：アメフトの司令塔ポジション）として執筆や調査のリーダーをつとめ、無数のインタビューを行ってくれました。私たちの名前は表紙に載っていますが、『GET BACKED』（邦題『巻き込む力』）の真のヒーローはトレバーです。

　ハーバード・ビジネス・レビュー・プレスにも深謝します。編集局長のティム・サリヴァンから最初に来たメールには「良いニュースは、今朝このプロジェクトを調達会議にかけたということです。もっと良いニュースは、委員会はこの本について、もの凄く盛り上がっていたということです。委員会と名のつくものがもの凄く盛り上がることって、めったにないですよね？」とありました。プレス社と仕事をするのは最初から楽しかったです。ティムが私たちを信じてくれ、このような本の価値を見出してくれたことを改めて感謝します。彼のチームに所属するジェニファー・ワーリング、ステファニー・フィンクス、ジュリー・デュボル、ケビン・エバース、ニナ・ノッチョリーノには特別に感謝申し上げます。

　見知らぬ人に投資家向けのピッチ資料を見せるというのは、まるで家の鍵を世間に公開するようなものです。勇気の要る、そして寛大な行いです。私たちがインタビューを行った起業家の多くは、「ピッチ資料を出版するなんて嫌です……。気でも狂ったんですか？」とだけ言いました。だからこそ「良いですよ」と言ってくれた次の13人の起業家には特別な感謝の気持ちをもっています。：Freight Farms（フライト・ファームス）共同創業者CEOブラッド・マクナマラ、Shift（シフト）創業者CEOジョージ・アリソン、Man Crates（マン・クレイツ）創業者CEOジョナサン・ビークマン、Hinge（ヒンジ）創業者CEOジャスティン・マクロイド、SOLS Systems（ソルス・システムズ）創業者CEOキーガン・シュー ウェンバーグ、First Opinion（ファースト・オピニオン）共同創業者CEOマッケイ・トーマス、Reaction, Inc.（リアクション）創業者CEOマイケル・マクダニエル、DocSend（ドキュセンド）共同創業者ラス・ヘドルストン、Connect（コネクト）共同創業者会長ライアン・アリス、Karma（カルマ）共同創業者CEOスティーブン・ファン・ウェル、Beacon（ビーコン）共同創業者CEOウェイド・エバーリー、Contactually（コンタクチュアリー）共同創業者CEOスビ・バンド、Tegu（テグ）共同創業者Chief Blockheadウィル・ホーティ。

　このボランティア的な活動を続けるのに欠かすことの出来なかった人たちが数人います。Lemi Shine（レミ・シャイン）のCEOカーティス・エッグマイヤーからはシード資金と激励を頂きました。出版というかなり悪い案件に投資してくれたカーティスには『GET BACKED』から社会的なリター

ンが得られることを願っています。ハーバード・ビジネス・スクールのスティーブ・ネルソンはティム・サリヴァンを紹介してくれました。チャーリー・ホーンとタッカー・マックスにはマーケティングの才能を発揮してもらいました。Able Lending（エイブル・レンディング）のエリンと33Vincent（サーティスリーヴィンセント）のローリーは、私たちが広い視野で取り組み続けられるように、細やかな仕事を片づけてくれました。「遊ぶ」という概念を想像可能にしてくれたのはスティーブン・トムリンソンです。元frog（フロッグ）のデザイナー、スティーブン・エガートが初期のデザインを手がけてくれました。Praxis（プラクシス）の友人たち——デイブ・ブランチャード、ジョシュ・クワン、ジョン・ハート、ジェイソン・ローシー、ジョン・タイソン、スティーブ・グレイブス博士は友情、洞察、勇気を与えてくれました。フレンドシップ・ループの主役、フランシス・ペドラザは信頼関係に基づいた資金調達の手法の秘訣を共有し、深い学びを与えてくれました。Rothenberg Ventures（ローゼンバーグ・ベンチャーズ）の創業者マイク・ローセンバーグはスタートアップ創業者を無数に紹介してくれました。Filament Labs（フィラメントラボ）の創業者CEOジェイソン・ボーンホースト、Skycatch（スカイキャッチ）のファイナンスおよびオペレーションズのディレクターであるウィル・サウアー、Boosted Boards（ブーステッドボーダーズ）の共同創業者サンジェイ・ダストール、Playbutton（プレイボタン）の元社長・CEOアダム・ティシャー、Wanelo（ワネーロ）の創業者CEOディーナ・ヴァルシャスカヤ、IdeaPaint（アイディアペイント）共同創業者ジェフ・アバロン、テックスターズのパートナーであるジェイソン・シーツ、charity:water（チャリティウォーター）の創業者スコット・ハリソン、Clarity.fm（クラリティドットエフエム）創業者のダン・マーテル、『スライドロジー』著者のナンシー・デュアルテ、ローゼンバーグ・ベンチャーズのチーフ・コネクターであるトミー・リープ、ツイッター、フェイスブック、スポッティファイに投資したグッドウォーターキャピタルのチ・フア・チェン。

エヴァン・ルーミスはさらに以下の方々に感謝の意を表します：

いつも「やっちゃえ」と言ってくれ、どんなクレイジーな起業のアイデアをもサポートしてくれた父と母——芝刈りのビジネスや、高圧洗浄、結婚式の写真撮影まで……（ひどい。自分は何を考えていたんだろう？）。すぐにお金は返します……。たぶんすぐに……。約束します。

前大統領のジョージ・H・W・ブッシュは私が大学在学中にアシスタントとして雇ってくれました。彼が人々のために手を貸し、手書きの手紙を無数に書く姿を見ることで、謙虚さと同時になぜ彼が世界で最も権力を持つに至ったのかを学びました。

元冷戦時代のスパイであり、テキサスA&M大学の教授でもある前国防長官ロバート・ゲーツと上級講師ジム・オルソンは、大学卒業後、投資銀行に進むことをそれとなく提案してくれました。彼らの助

言は人生の針路を変えてくれました。

　現在モルガン・スタンレーのリテール投資銀行部門の副会長を務めるイアン・シュガーマンはウォール街で初の就職口を与えてくれました。イアンはピッチ資料のつくり方を細かく指導してくれただけでなく、デスクワークやエクセルよりも人が好きだということに気づかせてくれました。

　アメリカの英雄であり友人でもあるスコット・アーウィンはイランで撃たれ、死にかけたところから生還し、トライアスロンのアイアンマンを完走、英仏海峡を完泳しました。もっと大きな夢を持ち、もし倒れても立ち上がる勇気を常に与えてくれます。

　Wedgwood Circle（ウェッジウッド・サークル）の元同僚であるスティーブン・ガーバー博士やマーク・ロジャースは重要なメディア・エンターテイメント分野において「共通善のための徳・真理・美」を推進する方法を示してくれました。

　おばでありコリンシアンの上司だったジュディ・マククエリーは、ツリーハウスが紙ナプキンに書かれたありふれた言葉でしかない時から出資をしてくれた最初の投資家です（訳注：思いついたアイデアを紙ナプキンにメモする習慣はアメリカでは一般的）。今でも彼女の友情、笑い、明るさにとても感謝しています。

　Tree Houseの共同創業者と投資家たちはスタートアップについてすべてを教えてくれ、1号店を立ち上げるために、心から協力してくれました：ジェイソン・バラード、ケビン・グラハム、ポール・ヤノシー、ピーター・アカーソンとブライアン・ウィリアムソンです。キーとなる投資家の応援なくしてはTree Houseは幻のままだったのです。The Container Store（ザ・コンテナストア）共同創業者ガレット・ブーン、Valero Energy Corporation（バレロエナジーコーポレーション）前社長グレッグ・キング、サンアントニオ・スパーズの共同オーナーであり個人投資家のブルース・ヒル、Cox Partners（コックスパートナーズ）パートナーのジャスティン・コックス、Haystack Partners（ヘイスタックパートナーズ）の創業者トーマス・リーマン、個人投資家のブラッド・アレンです。皆さんは私のメンターです。お知恵に感謝します。

　この本の最後の章である「フレンドシップ・ループ」は心からの友情を体現してくれる親友たちがいなくては空っぽなものになっていたでしょう。C・S・ルイスの言葉に「友情はもっとも偉大な財産である」とありますが、まったく同感です。友人でいてくれただけで私を成長させてくれたのは、テイラー・ジャクソン、デイブ・トンプソン、ジェイソン・バラード、ジョナサン・ラスク、ジャレド・フソン、ヨバニー・メイン、トレバー・ブロック、ジョン・ウルフスコル、デイビッド・ホロン、ライアン・ニクソン、ブレント・ベイカー、ブラッド・ダン、ウィル・ホーヘイ、ブロック・ダール、ハンター・グルンデン、ショーン・クリフォード、デイビッド・ベネット、ジャスティン・ヤーボロー、デイブ・ブランチャード、ダンカン・ソーナー、クレイトン・クリストファー、リース・ライアン、ジェイ・クレバーグ、デイビッド・メバヌ、ジェフ・ハーバック、ブライアン・ヘイリー、カーティス・エッグマイヤー、ケビン・ロブネット、ノア・ライ

ナー、ジャレド・ジョンカー、ケビン・パターソン、AJ・ガフォード、ケビン・ピーターソン、デレック・トンプソン、スライ・マジド、トレイ・アーバックル、ティム・クリーブランドです。

エヴァン・ベアーはさらに
以下の方々に感謝の意を表します：

ヘス先生は高校のディベートコーチとして、スピーチの基本やレトリックを教えてくれ、コミュニケーションに対する生涯にわたる情熱を私に与えてくれました。

ケニー・トラウトはExcel Communications（エクセルコミュニケーションズ）を創業してくれたことで、何かを売るという機会を私にくれました──それは戸別の長距離電話サービスでした。

ケイト・ライリーはプリンストン大学でのディベートパートナーです。ほとんどのテーマについて、意見が食い違うので、もちろん…私たちを最強にしてくれました。

ロバート・ジョージとコーネル・ウェストという2人のプリンストン大の教授は、善意を持つが意見の異なる二人であっても、議論ができるということだけでなく、人間性のためにきちんと議論をするべきだと教えてくれました。

共同創業者のウィル・デイビスは私の冗談に耐え、常に励ましてくれます。「君とこれを始めたいのは、もし自分に何かあった時は君なら家族の世話をしてくれるからだ」と、5年前に惜しみなく誘ってくれました。もちろんですとも。

トニー・デイフェルは自分の人生にとって最大かつ最重要な問いを立ててくれました「なぜいまやっていることをやってるんだい？」。

シェリル・サンドバーグは「エヴァンは、素晴らしい質問をするからという理由で雇った唯一の人なの」とマーク・ザッカーバーグを紹介してくれました。

ピーター・ティールは「君が信じていることで、他の誰もがやっていないことは何だ？」といったような質問に答えることを知的な厳しさをもって求めました。

マイク・メープルスはメジャーな投資家として初めて出資してくれ、究極の支援者兼応援者でい続け、シリーズAを終えた後、「君ならエスキモーに氷を売れるね」と言ってくれました。

ディラン・ホガティーは「起業家ってやつをやってみてもいいかもしれないね」と初めて勧めてくれた人です。

最後に、デイブ・クラッベ、ブレット・ギブソン、ジョエル・ブライス、ウィル・デイビス、マーク・ガンダーセン、マイク・レイグは自分が自分らしくなるよう、触発し、祝福し、指導し、支援してくれました。

この本を出版することができたのは、私たちにとってと同じように皆さんにとっても大きな達成です。本当にありがとう！ありがとう！

訳者まえがき

> この本の特徴は以下の通りです
> - 投資経験も豊富なアメリカの連続起業家が執筆
> - 対象読者は起業家、起業予備軍、企業内新規事業担当者、教育関係者
> - 内容は資金調達の手法とノウハウ
> - ピッチ資料の構成とストーリー、デザイン、テキストフォントについて解説、短期間で実践的にグラフィカルにピッチ資料の作成を学ぶことができる
> - さらには資金調達に関する基本知識や投資家との関係づくりについても紹介
> - 事例が豊富で、実際にスタートアップが調達したときの資料を掲載

> これまで、起業家や社内起業家がビジネスプランの発表をする際、参考になる本はありませんでした。ビジネスプランの発表、つまり「ピッチ」の支援をすることが多いため、私は関連書を常に探していました。スライドの作り方やパワーポイントの使い方、プレゼンテーションのスキルについて個別の本はあります。しかし、アイデアの組み立て方や語り方、さらには仲間の探し方にまで踏み込んだ本はありませんでした。ところがある日、たまたま「GET BACKED」という新刊の広告が目に飛び込んだ瞬間、その考えは変わりました。実例の具体性と、資金調達や仲間づくりに必要な精神性が一冊の本として融合されている本に出会ったのです。私は読み終わるとすぐに、どうやったら日本の読者にもこの本を届けることができるかを考え、行動することに決めました。

　まず、上の2つの文章を読んでください。どちらも本書について書いたものです。正確に、網羅的に、まとめないといけないという強迫観念からか、つい私も左側のような説明をしてしまいがちです。確かに正確で、内容について伝わるかもしれません。しかし、どっちが実際に本を「読みたくなる」でしょうか。どうも私たちの脳は、ストーリーを聞くと単なる情報としてではなく、「気持ち」を向ける対象として感じるようです。

　どのようなビジネスも最初はアイデアでしかありません。脳内の電気信号です。アイデアの実現には、それを伝え、一緒に実行する仲間が必要です。

　『巻き込む力』は「ストーリー」と「仲間」の力についての本です。

　未来をより善い方向にしたいと考えている皆さんには、これらの力を存分に発揮していただきたいと思います。崇高な目的だからといってすぐに支援者が現れるとは限りませんが、皆さん自身のストーリーと仲間を大切にすれば、必ず夢の実現は近づくはずです。

著者のエヴァン・ルーミスもエヴァン・ベアーも私同様、起業家であり、メンターとして他の起業家を応援しています。その2人が選び記した一つひとつの単語には、起業家への深い共感と、提案としての確信があります。そのことを翻訳と格闘しながら感じることができた体験は非常に貴重でした。極力そのニュアンスを日本の読者にもお伝えすることが私の仕事だったと思っています。この機会を下さった翔泳社の昆清徳さん、紹介して頂いたエディットブレインの上野育江さんに感謝します。日本版の出版に向けて、500Startupsのジェームズ・ライニー氏、エンジェル投資家の千葉功太郎氏、Learning Entrepreneur's Labの堤孝志氏、飯野将人氏、Beyond Next Venturesの伊藤毅氏、三井住友海上キャピタルの辻川大氏、ファンドレックスのイノウエヨシオ氏には非常に貴重なご意見を頂きました。改めて感謝申し上げます。

　そしてこれまでの起業経験が楽しく、意味の多いものであったのはINDEE Japanを共同で創業した津嶋、山田という生涯の仲間を得たからであったと心から思います。直接伝えるのは照れるので、この紙面を借りて書くことにします。ここまで支えて来てくれた家族には言葉もないくらいの感謝です。ありがとう。

　皆さんの夢の実現に向けて少しでもお役に立ててこそ、この本のストーリーはハッピーエンドです。同じ仲間として応援します。

**INDEE Japan代表取締役
テクニカルディレクター共同創業者
津田真吾**

Shingo Tsuda
早稲田大学理工学部卒業。日本アイ・ビー・エムにてハードディスクの研究開発に携わる。世界最小のマイクロドライブ、廉価型サーバーHDDなどの革新的なプロジェクトを数多く手がけ、技術的にも多くの特許を取得。保有特許は17件。iTiDコンサルティングにて新製品開発支援、イノベーションマネジメント、新規事業の支援などを実施後、インディージャパンを設立。

監修者まえがき

　我々も自らスタートアップとして、または審査員としてピッチイベントに参加することが増えていく中、日本人のプレゼンスキルおよび資料のクォリティーは10年前に比べて確実に進歩していると感じている。その一方、まだまだアイデアやコンセプトで留まっているもの、技術や製品の紹介のみになっているものなど、ピッチという場において聞き手が求めている情報が十分盛り込まれていないものが散見される。

　本書のテーマである"ピッチ"とは、異なるバックグラウンドを持つ起業家と投資家との間で交わされるコミュニケーションである。そしてこの異種格闘技戦とも言える難しい場面において、自らの提案を投資家に共感してもらい、出資という支援を引き出すために必要なエッセンスが体系的にまとめられている。著者らは起業家および投資家の双方の経験者であるため、非常に現場の臨場感がある形で、資金調達を実現するために必要な要素を全方位からまとめた指南書となっている。

　ただ本書は一度読めばすべてを理解できるものではない。実践と共に理解が深まっていくものである。ビジネスアイデアを資料に落としたいと思った時、ピッチイベントに参加しようと思った時、投資家に提案する機会を得られた時、資金調達という目的を達成するまでのプロセスにおいて何度も読み返すべきものだと考える。

　ただ、ピッチを目前に控え、まず何より内容として何を伝えれば良いか？を知りたい場合は、2章に目を通せばおおよその大切なポイントが分かるはずである。この2章に基づいてピッチ資料をブラッシュアップするだけでも本書を購入した元は十分取れる内容である。そして後半の8〜9章は、私個人としても現在日本の起業家にとって最も不足していると感じる情報を幅広く補ってくれる。投資家とは何者で、いったい何を求めているか？という事がクリアになるはずである。そして最後の10〜13章では資金調達において重要なのはプレゼンのテクニックや提案内容だけではなく、人生における人と人との繋がりや関係性にあるということ。つまり、日本でのビジネスにおいて大切だと言われいる、一見ガラパゴス的なお作法のようにも考えられがちな伝統的なビジネス習慣が、アメリカでも同様に重要だということが理解してもらえるはずである。

　そしてこれを日本の起業家に是非とも紹介したいと思い立った理由は、これら一連の内容がまさに自分達が日頃大切にしているポイントそのものであり、前述の2008年に感じた出会いと全く同じ感覚を持ったからである。この感覚が自分達の勘違いでないかの確認の意味も兼ねて、日本語版の出版に当たっては日本で実際に投資を行っている投資家をはじめとして、資金調達事情に詳しい6名の方からご意見をお伺いした内容をご紹介する。みなさまの意見からも、本書で描かれていることはアメリカ特有のものではなく日本でもそのまま活用できるということを納得いただけるはずである。

　我々INDEE Japanは、技術者であり起業家でも

ある。そして、次世代となる自分達の子供達にとって、より良い未来にしていくことに情熱を捧げ、日々実践している熱いチームだと自負している。日本のGDPが減少することにより、世界における地位がゆらぎつつあると言われているご時世ではある。しかし、我々が日々時間を共にする技術者、研究者、そして起業家は、今も昔も変わることなく、より良い製品・サービスを提供することで、世の中をより良くしたいと考えていることを実感している。

　変化の時代、最も貴重なのは、思いを実行に移せる人、リスクをとってチャレンジできる人である。そういう人達を我々も人生を賭けて応援したいと思っている。日本においてそういう思いのある人が1人でも多く起業家という道を選択していくことが、我々の目指している、よりよい未来に近づくことになると確信している。本書はそのチャレンジの道しるべになることは間違いない。この一冊に出会うことで、一人でも多くの起業家が自らの夢や思いを実現する第一歩を踏み出す機会を得ることを切に願う。

INDEE Japan代表取締役
マネージングディレクター共同創業者
津嶋辰郎

Tatsuro Tsushima
少年時代は剣道に打ち込み日本一となる。大学時代は「鳥人間コンテスト」への出場チームを創立し、日本記録も含め2度の日本一を達成する。レーシングカーコンストラクターの童夢に参画し、空力デザイナーとしてシリーズチャンピオン獲得。その後、半導体ベンチャーの創業メンバーとして事業化に貢献。iTiDコンサルティングではハンズオンの製品開発、新規事業開発支援を多く手がけ、歴代最年少で経営幹部に抜擢。2011年、INDEE Japanを創業。ハイテク機器など企業内ベンチャー立ち上げ、ベンチャーの創業支援などを行う。シードアクセラレーターZENTECH DOJOを立ち上げ、シードステージのスタートアップへの投資・育成を行う。東京海洋大学博士後期課程 非常勤講師、NEDO認定カタライザー。
大阪府立大航空宇宙工学修士。シンガポール国立大EPP。トライアスロン「IRONMAN」に毎年チャレンジ。1児の父。

日本の投資家からのメッセージ

500 Startups Japan
代表兼マネージングパートナー
ジェームズ・ライニー

　シリコンバレーと日本の両方で投資してきて、日本人の起業家はもっとプレゼンテーションの腕を磨いていくべきだと気付きました。

　日本人は文化的にとても謙虚になりがちです。一般的には謙虚であることは良いことですが、アーリーステージのスタートアップがピッチする際には良いとは言えません。まだプロダクトすらできていなかったり、トラクションが十分にないような創業初期においては、投資家は基本的にはあなた自身やチームといった人に投資します。つまりプロダクトは人であり、自分たちを売り込まなくてはいけないのです。

　皆さんがこれまで成し遂げてきたことを投資家へ語りましょう。チームの紹介スライドを全面に出していきましょう。遠慮せず、あつかましく自慢して、私たち投資家が投資したくてしょうがなくなるよう説得しましょう！

James Riney
J.P. Morgan在職中に、STORYS.JPを創業。その後、DeNAにてベンチャーキャピタリストとしてグローバル投資に従事。投資先には、Andreessen Horowitz、Biz Stone (Twitter共同創業者)、Khosla Impact (Vinod Khosla)、Global Founders Capital (Rocket Internet)、Innovation Endeavors (Eric Schmidt)などとの共同投資先を含む。2015年に$30M（約34億円）規模のファンドである500 Startups Japanの代表に就任。2016年にForbes Asia 30 Under 30に選ばれる。

Learning Entrepreneur's Lab
株式会社共同体表
堤 孝志 & 飯野将人

　スタートアップの資金調達の本は企業価値評価や契約のものばかりで、VC（ベンチャーキャピタル）にアポをとって「初めまして僕達○○です。投資してください」とお願いするノウハウを教えてくれるものは少ない。あっても架空の模範例ばかりだったので、資金調達の多様な成功例をパターン別に教えてくれる本書は画期的！

　ビジネスのアイデアは試行錯誤を通じてこそバージョンアップされることを前提に、起業家と投資家のコミュニケーションツールが、分厚い事業計画書からクイックに改訂できる簡潔なPitch Deckに進化した。シリコンバレーでは「スタートアップは試行錯誤するので大げさな計画書は不要」というのはもはや常識だが、日本のVCの中には今でも大仰な事業計画をありがたがる者もいる。そんな錆びた投資家に大仰な事業計画書を要求されても応じず、シンプルなPitch Deckで試行錯誤を応援してくれる投資家を探しましょう。

Takashi Tsutsumi &
Masato Iino

ラーニング・アントレプレナーズ・ラボ株式会社は、ともにベンチャー投資経験豊富な堤孝志と飯野将人の2人が共同代表を務めるプロセス志向アクセラレーター。顧客開発モデルの発案者であるSteve Blank氏の全面支援を受けながら、ノウハウ・資金の両面から「学び続ける起業家」を支援する。訳書に『アントレプレナーの教科書』、『スタートアップ・マニュアル』（翔泳社）、『リーン顧客開発』、『リーンブランディング』（オライリー・ジャパン）、『クリーンテック革命』（ファーストプレス）がある。

Beyond Next Ventures株式会社
代表取締役社長 マネージングパートナー
伊藤 毅

起業家からのプレゼンテーションで、私が一番重視しているのは、チームです。互いに補完関係のあるコアメンバーが同じ熱量で事業を推進していて、また外部の協力者が積極的に関わっているかどうか。また、私達との補完関係があるか、というのも重視しています。

本書で強調されているストーリーは大事な要素の一つです。特に、私達が得意とする、製品も何もないシードステージでは、投資判断において、起業家のストーリーや会社の実現したいミッションに共感できるかどうかを特に意識しています。

私達が1号ファンドで投資家から50億円を調達した際にも、会社のストーリーやミッションをじっくりと考え、投資家にピッチしました。本書にも記載の通り、資金調達も仲間探しです。私達の場合、非常に信用力の高い初期の投資家の方が応援団となって下さり、新しい投資家を数名紹介頂き、その後の資金調達が進め易くなりました。資金調達において、初期に信用力の高い株主に入って頂き、会社の信用を高めておくことは、極めて重要です。

Tsuyoshi Ito

東京工業大学大学院化学工学修了後、株式会社ジャフコに入社。産学連携投資グループ責任者として、CYBERDYNE、Spiber、クオンタムバイオシステムズ、マイクロ波化学、リバーフィールドなどを支援。大学発の技術シーズ段階からの事業化支援および投資活動に関して、多数の実績と経験を有する。2014年8月に大学発ベンチャーのシードステージからのインキュベーション投資事業を行うことを目的にBeyond Next Ventures株式会社を創業。現在、Spiber他、投資先7社の社外取締役を兼務。

投資家・慶應義塾大学SFC研究所
上席所員
千葉功太郎

　日本ではエンジェル投資は黎明期にあり、規模も限られています。しかしメルカリがIPOすれば、大きな資金がエンジェルやVCに還流され、数年で2〜3倍の規模になり、よりよい環境になるのではないでしょうか。その中でも、私はスタートアップだけでなくVCファンドにも投資している特殊な存在です。

　私はまず起業家に誠実であるべきだと考えています。エンジェルは個人で使ってしまっていいお金を預けるわけなので、よほど人間として信頼し、相思相愛になれる人に投資するのです。

　個人的にはあまりグラフィカルなばかりのピッチ資料は好きではありません。中身がまとまった上でグラフィカルに整えるのはよいですが、表面ばかり整っていると、かえって悪い印象を持ってしまいます。アイデアをしっかり説明し、なぜ他の人ではなく私が投資するべきかをぜひ伝えてください。

Kotaro Chiba
慶應義塾大学環境情報学部卒業後、株式会社リクルート（現 株式会社リクルートホールディングス）に入社。2000年より株式会社サイバードでエヴァンジェリスト。2001年に株式会社ケイ・ラボラトリー（現KLab株式会社）取締役に就任。2009年に株式会社コロプラに参画、同年12月に取締役副社長に就任。採用や人材育成などの人事領域を管掌し、2012年東証マザーズIPO、2014年東証一部上場後、2016年7月退任。国内外インターネット業界のエンジェル投資家として、スタートアップベンチャーやVCへの投資は50社以上に広がる。

三井住友海上キャピタル株式会社
投資開発パートナー
辻川 大

　本書は「資金調達を目指すためのプレゼン」という明確なゴールを実現するために、実際に使われた貴重な資料と、その使われた背景を合わせて紹介することで、読む個々人が自身の状況と具体的に照らし合わしながら学べる、極めて実用的なテキストとなっている。勿論、本書の事例が全てをカバーしている訳ではなく、特に、本書が書かれたアメリカと日本の違いは考慮する必要があるだろう。例えば、アメリカでは投資家をその場で説得することが重要であるのに対し、日本では投資担当者が会社に持ち帰り、社内説明の際にに使いやすい資料であることが重要かもしれない。こうした翻訳が必要だとしても、読者には極めて多くの示唆を与えてくれると思う。

　なお、起業家には、あくまで本書で語られている手法を吸収した上で、敢えて、自身の個性と主張をアピールした粗削りでも型破りなプレゼンを実施して欲しい。プレゼンの狭間から、根底に潜む確固たる信念やロジックが見え隠れするのが、やはりカッコいいし、真に訴えるプレゼンになるのではないかと思う。

Dai Tsujikawa

大阪大学基礎工学部機械工学科を卒業後、株式会社東芝の交通事業部において開発設計に従事。慶応ビジネススクールでMBA取得後は、GE横河メディカルシステム株式会社（現GEヘルスケア・ジャパン株式会社）において開発及び製造部門のファイナンシャル・アナリストを経験し、2004年にはベンチャーキャピタル業務に転職。以降、主にテクノロジー系ベンチャーを中心に投資業務を続けている。

株式会社ファンドレックス
取締役ファンドレイジング・プロデューサー
イノウエヨシオ

　私は日本でNPOを中心に年間約3000名に「志金」、つまり善意の資金を獲得する研修をしています。社会起業家は社会を変えるために、周囲に対して取り組んでいる社会的課題と解決策を説明して共感してもらい、拡大させます。

　本書に記されているように、共感の力は偉大です。また、本書に紹介されている仲間づくりもとても重要だと感じています。夢の片棒を担いでくれる仲間を広く集められれば、実現はより早く、より確実になります。それは、話を聞いた人の寄付に直接つながらなかったとしても、認識が変わり、社会が変わるからです。

　そして今、日本社会ではこれまでの金銭的価値を基盤とする資本主義経済に代わって「共感資本主義」が台頭してきているように感じています。コミュニティ財団の動き、クラウドファンディングや社会的インパクト投資市場、レガシーギフトなど、新しい「志」金循環がどんどん始まってきています。

Yoshio Inoue

ファンドレックスはNPO、公益法人、大学などが資金集め〔ファンドレイジング〕を効率的に行い、確実な成果を出すために必要なサポートを行っており、これまでの9年間で150団体以上のNPO,公益法人、社会起業家を支援。
イノウエヨシオ氏は「広報発信力強化研修」の第一人者。各地でチャリティイベント企画・運営の仕掛け人として活躍し、NPOや社会起業家の発信力強化を年間約3000人に指導する。

序章

エヴァン・ルーミス

　私の資金調達活動は、結婚生活を破綻させる勢いでした。

　毎週月曜の朝、ダレス空港を出発し、全米を縦横に飛び回り、夢のホームセンターに投資してくれそうな人に毎週ピッチをしていました。

　これが毎週、数カ月も続きます。挫けそうになりました。

　調達はまったく進みません。投資家が約束してくれることといえば、数カ月間様子を見ることくらいです。友人たちからは「生きてる？？？」といったメールが来るようになりました。家庭はもっとひどい状況です。

　妻との間には微妙に距離が広がっていきました。離れて過ごす時間が長すぎたのです。関係は冷え、進む方向は離れつつありました。しかも、自分が進んでいる方向は望んでいる方向ではありません。

　資金調達のことはよく知っていたつもりです。大学を卒業後、ウォール街にある投資銀行で働き、バーガーキングのようなメガ企業をプライベートエクイティファンドに売却するような業務に就きました。数千と言わないまでも数百の案件の分析をしたはずです。その後ニューヨークを離れ、ワシントンDCでもエンジェル投資家グループを立ち上げました。自分自身が投資家だったので、投資家が何を欲しがっているか熟知してました。当時、資金調達に関するアドバイスを求めに毎日たくさんのメールが送られて来るような「資金調達屋」だったのです。

　にもかかわらず、アメリカ史上最悪の住宅危機の中、Tree House Home Improvement（ツリーハウス）を創業して2年経っても、調達すべき750万

ドルの3分の1も集まる気配がありません。投資家とのミーティングのたびに、猛烈な敗北感を繰り返し味わう感覚はまるでビル・マーレーの1993年の映画『恋はデジャ・ブ』のような気分です。数人の友人はそろそろ夢を追いかけるのを諦めるべきだと勇気を出して言ってくれました。

とうとう2010年11月、そのラウンドの調達を諦めることにしました。白旗を揚げたときのメールはこのような感じです。

日時：2010年11月9日火曜日
件名：ツリーハウスの状況

友人および投資をしていただいた皆さん

2年余り前、私たちはツリーハウスというエコなホームセンターを立ち上げるという、ユニークなビジョンを掲げてスタートを切り、家づくりをサステイナブルで簡単で身近で手頃で楽しいことにしようとしていました……。しかしご存じの通り、いくつかの障害にぶつかり、1号店の開店に必要な資金を集めることができていません。

その上で、チームは今後の方針について下記のような選択肢を検討しました。

このまま継続　このシナリオでは、私たちは資金集めを継続します。気持ちや勇気の面から、このまま続けたいという思いがありますが、この道は正しくないと考えました。財務的な持続性はありませんし、チームの信用やパートナーとの信頼関係を損なう上、現状を正しく認識しているとは思えないからです。

タオルを投げる　このシナリオでは、このアイデアも、チームも、法人形態も解体します。この道も正しいとは思えません。なぜなら「これはとてもいいアイデアだ。いずれ誰かがやるだろうけど、立ち上がる時期はもっと先かもよ」と一貫した意見を投資家やパートナーが持っているからです。

このビジネスを一時的に冬眠させる　ビジネスアイデアは素晴らしいとしても、タイミングが悪いのではないかと考え、ツリーハウスを冬眠させることが正しい道だと考えています。これまでに投下した知的財産・ビジネス関係・資金をいったん保護しながら、いいタイミングを見計らうことが可能になります。

じっくり検討し、熟慮した上での判断です。ご質問があるようでしたら、お電話でお答えしていきたいと思いますが、皆さまがそれぞれ必要な対応をとれるよう、まずは状況をお伝えした次第です。

繰り返しますが、私たちは皆さまをパート

ナーや友人とお呼びできることが光栄です。ツリーハウスのチームを代表して深謝申し上げますとともに、ご質問がありましたら気軽にご連絡いただけますと幸いです。

よろしくお願い致します。
エヴァン

　私は失敗したのです。みんなに終わりを告げました。
　すると、奇跡が起きました。そのメールを送ってから2週間後、投資をした1人であるグレッグ・キングは電話口で「お蔵入りになっているツリーハウスを出してくれ」と言い、残りの300万ドルの調達を手伝うと申し出てくれたのです。
　その後、30日も経たずに調達に成功しました。

どうやって夢のスタートアップを立ち上げるのか？

　アメリカに住む20代の63％は起業したいと考えています*。2020年には世界で10億人の起業家がいることが予想されています。次のフェイスブックなのか、世界を変えるNPOなのかはさておいて、何かを起こしたいという野心を現在の若者世代は持っています。
　でも秘密を打ち明けると、起業は想像を超えて難しいことです。
　夢のスタートアップを立ち上げるには、消化しきれないほどの売り込みや失敗、極めて多くの資源を必要とします。それでもなお、経験者は「やってよかった」と口を揃えます。
　この本の目的は、起業の大きな恐怖である資金調達の神秘を解明することです。

資金調達の本をまた？
まじめに？

　資金調達に関するアドバイスには事欠きません。大半はひどいものです。
　自称エキスパートは「事業計画を書け」「トラクション（P.27を参照）を示せ」「必然性を作り出せ」といったことを言いますが、実践的な経験や知識を持ち合わせている人はほとんどいません。また、シリアルアントレプレナー（連続起業家）のように経験と実績を持つ人にとっては有効な戦略も、初めて起業する人にとっては最悪の戦略になることもあるでしょう。経験豊富な起業家は、資金調達の大変さを忘れてしまっているのです。人脈も実績もなく「投資契約書」という用語をかろうじて知っている

---

*Minda Zetlin, "Survey: 63% of 20-Somethings Want to Start a Business,"
Inc., December 17, 2013, http://www.inc.com/minda-zetlin/63-percent-of-20-somethings-want-to-own-a-business.html; and "An Entrepreneurial Generation of 18- to 34-Year-Olds Wants to Start Companies When the Economy Rebounds, According to New Poll," Ewing Marion
Kauffman Foundation, November 10, 2011, http://www.kauffman.org

ような起業初心者とは違うのです。私たちが知る起業家たちは理論上ベストな方法論を知りたいというより、とにかく結果の出る方法を知りたいのです。だから私たち（エヴァン・ベアーとエヴァン・ルーミスという長年の友人）はこの本を書きました。私たちが起業し、資金調達する際に、あったらよかった思うことを起業家の皆さんにお伝えしたいのです。

　過去2年にわたり、私たちは数十人の起業初心者をメンタリングし、エンジェル投資家やベンチャーキャピタリスト、エンジェル投資家グループの責任者、家族資産管理会社の代表、クラウドファンディング会社CEOのインタビューを行いました。即興劇の学校に行きました。全米で最大級のアクセラレーターやエンジェルグループに潜入し、15人の成功している起業家をおだて、彼らが資金調達時に行ったことをピッチ資料を含めて公開することを許してもらいました。私たちは資金調達に過去成功したこともあり、現在も行っているからこそ、この本に興奮して取り組んでいるのです。執筆中、1人は1億ドルの契約を結び、もう1人は当時エンジェルリスト（AngelList）として2番目に大きな額のラウンドを含む2500万ドルの調達に成功しています。これらすべてのことを、たった一つの問いに答えるためにやってきたのです。資金調達には一体何が必要なのか？

資金調達の秘訣

　私たちが発見したことは、資金を調達し、エキスパートからアドバイスをもらい、協力関係を築くスキルは一部の人だけが持ち合わせているような謎の力ではない、という事実です。裏を返せば、その秘訣を解明することは可能なのです。

　実は、スタートアップの成功率を劇的に高めることができるような習慣やツールがいくつかあります。それらをこの本でお伝えしていきます。

　以下の章で紹介するのは：

- 調達に大成功したスタートアップが実際につくったピッチ資料
- 一般的にピッチ資料に求められる要素のテンプレート（例えば、問題の特定、解決策の提示、競合との差別化）
- 資金用途に応じた調達元
- エンジェル投資家やベンチャーキャピタリスト、取締役候補等、意中の人に会うためのテクニックやメールの実例

　この手のテクニックはとても有効ではあるものの、

> **経験豊富な起業家が**
> **与えたいアドバイスと、**
> **若い起業家の特殊な状況の間には**
> **大きなギャップがあるものだ。**
>
> Waneloワニーロ創業者CEO
> **ディーナ・ヴァーシャスカヤ**

資金調達の秘訣そのものではありません。

インタビューした起業家のほぼ全員が「奇跡」のような体験をしていました。冒頭で紹介したツリーハウスで経験したような、大きく前進する予想外の出来事が共通にあったのです。さらに深掘りすると、こうした出来事は実際には奇跡的に起きているわけでなく、起業家がそれまでに育んできた信頼関係が生み出したものだということがわかったのです。ルーミスにとってグレッグ・キングが自分の評判を賭けて資金調達を手助けしようとしたのは、それまでにグレッグとの友情が育まれていたためです。

資金調達の秘訣は、たった1つの原則です。お金ではなく、友人を集めることが資金調達に成功につながるのです。

友情は大切

読者の皆さんには大成功する起業家になって欲しいと思っています。しかしもっと願うのは、契約書よりも持続する友人関係を築いて欲しいということです。それは、あなたや周囲のコミュニティ、そして起業した会社にとって本当に価値のあるものになります。世の中にはさまざまな資金調達の手段が存在し、流行り廃りもあります。そのときのタイミングや市場の動態、業界トレンドが違うため、一つひとつの企業の資金調達への道筋はまったく異なるはずです。しかし、いつでも、誰にでも、どの業界にでも共通するのは友情が持つ価値です。この本は、皆さん自身が持つ信念を同じように持つ仲間をどんどん増やしながら、そのビジョンの具現化に向けチャレンジすることについての1冊です。チャレンジしていたら、気がついたら予想以上のお金が手元にあった、ということになるかもしれません。

Part 1
ピッチをつくる

パート1はピッチについてのみ書かれています。まずピッチ資料というものを紹介し、つくる理由や大切さについて説明します。1章はピッチ資料の誕生についての解説、2章はピッチ資料の構成要素と基本となる10枚のスライドについての紹介。その後の3章から5章にかけ、ピッチのストーリー、デザイン、テキストという3つのエッセンスについて深掘りします。6章は資金調達に成功したピッチ資料を丸々公開し、7章では実際にピッチをする能力を高めるための実践的訓練法をいくつか紹介します。

Part 2
GET BACKED
〜支援を得る〜

パート2の内容は資金調達のプロセス全体に触れます。8章はスタートアップによる資金調達の基礎として、各ラウンドの説明や、借入金（デット）と資本金（エクイティー）の違い、投資契約書に記載される主な用語の解説をします。9章は投資家の種

類と投資先の関係を説明します。

　10章から13章は、その他諸々——あなたのスタートアップを次のレベルに進めることのできる力を持つ人たちと、いかに信頼関係を構築するかというシンプルで強力なプロセス——で締めくくりました。13章の最後には、投資家が「イエス」と言った後に、どのように締結（クロージング）するのかについてお伝えします。

| PART 1 |

ピッチをつくる

CREATE
YOUR PITCH

あなたのスタートアップが持ついくつものスゴイことを濃縮して、

わずかな言葉やイメージのエッセンスにしたらどうだろうか。

「なるほど！」の束を花束のように

会社を次のステージへと進めてくれる人たちに

渡すことができたとしたら？

1 ピッチ資料の誕生

- ピッチ資料とは？
- ベンチャー資金調達の歴史
- 初プロトタイプとしてのピッチ資料

ピッチ資料とは？

ピッチ資料というのは、スタートアップのストーリーとビジネスモデルを言葉と画像を結集して説明する資料です。

ピッチ資料には人に理解させ、関心を持たせ、行動を取らせるという3つの機能があります。

ピッチ資料は、資金調達、人材の採用、顧客、パートナー、仕入先との関係づくりの道具です。特に、制約の多いアーリーステージの起業家にとって、もっとも強力なツールの一つになります。ピッチ資料にはそのスタートアップにとって大切なことが詰まっています――ビジョン、ビジョンを支えるチーム、ビジネスモデルの鍵となる要素、顧客についての独自の洞察、破壊しようとする業界。

2種類のピッチ資料が存在します。

❶ **プレゼン用資料**　投資家とのミーティングやデモデーのステージ上で使い、口頭プレゼンを補助するためのビジュアルな資料
❷ **読む資料**　その場にいなくても読んでわかるような、詳細で広範な資料

ベンチャー資金調達の歴史

1960年代の起業家にとって、資金調達する上での選択肢はとても少ないものでした。現在のスタートアップにとっては溢れかえっています。

ハイテクやヘルスケアの領域だけではありません。エンジェル投資家によるものだけでも2014年には7万3,400ものスタートアップに241億ドルが投資されました。さらにベンチャーキャピタルによって483億ドル、4,356件の投資が行われました。そして友人や家族による投資がその2倍くらいあります。同時に、Kickstarter（キックスターター）やIndiegogo（インディーゴーゴー）等のクラウドファンディングサイトの登場により、まったく新しい資金調達の手段と事業の検証手法が増えました。2012年に制定されたJOBS法の第4編により、超富裕層に属する一部の人だけでなく、ほとんど誰もがスタートアップに投資し、株を保有することが可能になっています。数社のベンチャーキャピタルが数100万ドルを投資していた時代から、無数の資金源から巨額の資金が投資される時代に移ったのです。読者の皆さんはすでに知っているかもしれませんが、起業家やビジョナリーが必要とする資金は、過去のいつよりも得やすくなっているのです。

また、資金調達が難しいということも知っていることでしょう。調達したい側なのか、資金を供給する側なのか、立場によって難しさの度合いについては意見が分かれることとは思いますが。

起業家は立ち止まりたくない人種です。その起業家が資金調達に苦労すると、世の中は資金不足だと感じます。一方、投資家は損したくない人種です。彼らは投資先のスタートアップの大半が失敗することを知っています。そのため、優れた投資先が不足

しているると感じています。

　どちらに聞いても、優れたスタートアップに資金が提供される方法は改善されるべきだと言います。起業家、投資家どちらもが、相手に出会い、評価し、気に入られたいと思い、「デート」の機会を探っています。起業家は投資家に言い寄り、投資家ははにかむ恋人を演じ、駆け引きを繰り返すことに、しばしば時間が費やされています。

事業計画書の時代

　長い間、この「デート」を始めるための標準的な手続きは事業計画書というものでした。

　事業計画書は米軍の戦略立案を見習い、第2次世界大戦時に米国国防省と大きな契約を結んでいたデュポンやGMなどの企業に端を発したものです。競合やターゲット市場、潜在市場の分析を徹底的に行った後に、事業立ち上げからエグジットまでの戦術を詳しく記します。マーケティングやオペレーションの詳細な計画、売上・原価の年次推移、さらには会社の売却やIPOの時の予想価格までも。

　この「60ページ以内の事業説明書」には、スタートアップ企業を経営するためのすべてが記載されています。書き上げたら適当な投資家が読み、価値を理解し、お金を投下するだけです。これは1980年代に活況になり、あらゆる学者やコンサルタント、プロフェッショナル・コーチが本を書き、平凡な人でもスティーブ・ジョブズやビル・ゲーツになる「事業計画書」という簡単な手法の啓蒙を行っていました。素晴らしいアイデアですよね？

　実は、スタートアップの事業計画書というのは、理論では完璧ながら実用に堪えないものの代表となっています。シリアルアントレプレナーでありスタンフォード大学教授でもあるスティーブ・ブランクは次のように言います。「どんな事業計画書も顧客と接触した瞬間に崩壊する」。計画書は手元にすべての情報があり、あとは実行するのみという状況なら十分に機能します。しかし、スタートアップというのはその定義上、極限の不確実性の中にいます。スタートアップとは、スティーブ・ブランクの定義通り、ビジネスモデルを模索する組織であって、実行すべき計画を持つ性質のものではないのです。事業計画書がまだ十分に機能していた1982〜1989年の間に、Inc.500にランキングされた企業の79％（アップルとマイクロソフト含む）は正式な事業計画書を持たずに立ち上がりました。近年行われた研究結果も同じ――事業計画書はスタートアップの成功には重要ではない、という結論にたどり着いています。

　最近の10年では、エリック・リースの『リーン・スタートアップ』（井口耕二訳、日経BP社刊）などの本の効果もあって、事業計画書でビジネスを分析する方法から離れ、より柔軟にビジネスモデルの仮説を反復検証する手法を好むようになっています。検証する仮説とは、例えば解決しようとする課題、顧客獲得にかかるコスト、競合に対する防衛策、等が挙げられます。

ピッチ資料の登場

　事業計画書が機能しないことに気づいたのは、何も起業家たちだけではありませんでした。1970年

代に起きたベンチャーキャピタル（VC）の爆発的な増加によって、投資銀行業界は投資候補の案件数が増え続けることになります。事業計画書とは異なる手法で素早く投資機会を選び出したり、また提案されたりするように移行していきました。パワーポイントのような新しいソフトウェアの力も借り、投資銀行は事業計画書の代わりに、企業の概略情報やデータ、図表が含まれる数枚のスライドを用い、スタートアップの売り込みをするようになりました。

　これらのプレゼン資料は「Pitch Deck（ピッチ資料）」と呼ばれるようになりました。事業計画書と比べて単に短いだけでなく、いくつもの利点があります。例えば、ピッチ資料は容易に修正やカスタマイズが可能です。事業計画書は書くのに数カ月かかり、また書き直すのにも同じくらいの時間がかかるのに対し、ピッチ資料はいくつかのスライドを入れ替えるなどして修正すれば数分しかかかりません。ノート欄に説明を書き込んでおくことで、読んでわかるピッチ資料をつくり、事前に印刷したり送付したりすることができます。投資家は、このピッチ資料に目を通すことで明らかに投資に適さない候補を除外し、見込みのあるものに絞ってデューデリジェンス（企業の資産価値を適正に評価する手続き）を行うことができるようになったのです。

　おそらくピッチ資料の最大の利点は、提案者がストーリーを語りやすくなったことにあるのではないでしょうか。投資銀行の人たちは、他の優れたビジネスマンと同様、売りたい会社について魅力的なストーリーを語ることの方が、その会社のデータを知っていることよりも大切だと知っています。まるで映画の製作者が映画のストーリーを創作するように、銀行マンたちは、ACME社がAJAX社を買収しACMAJAX（マーケティング部門がもっといい名前をつけるだろうが）というメガカンパニーになったとしたら、世の中が劇的に良くなるというストーリーを語ることが仕事だったのです。ピッチ資料はストーリーの媒体です。ルーミスがウォール街の著名な投資銀行の「2004年入社組のアナリスト」になった頃、3カ月間の新人研修の丸々1カ月（嘘ではありません）をパワーポイント研修に費やすようになっていました。

　翌年、ポール・グラハムというシリアルアントレプレナーが3カ月間のスタートアップ向け夏合宿を始めました。そこでは設立されたばかりのベリーアーリーステージのスタートアップが、メンタリングを受けたり、コネクションを得たり、シード資金を獲得することができます。

　このY Combinator(Yコンビネーター)というプログラムのピークは、1室に集められた投資家に各スタートアップが短いプレゼンとスライド数枚を使いピッチを行う、「デモデー」と呼ばれる丸一日のイベントにあります。また、「ウチには（事業計画書は）向いてません」、「デモは好きですが、事業計画書は読みません」とウェブサイトにも明記されています。2011年にはY Combinatorは「ハイテク業界に芽を出しつつあるスタートアップにとって最も名声のあるプログラム」とWired誌に称され、全米に200のスタートアップ・アクセラレーターの代表格となりました。

　その年、ウォール・ストリート・ジャーナル紙は

スタートアップのメンターたちに向かって、「事業計画書通り進まなくなるタイミングはいつなのか？」と、問いかけました。その質問に一言で答えると「つくったとき」ですが、当時あるメンターは「やけどする前に事業計画書を燃やしてしまえ」と答えました。「ビジネスモデルとピッチに集中しろ」という代替案や、「事業計画書は資金調達の道具として使えなくなった」というタイトルがつけられたポール・リーというベンチャーキャピタリストの回答もありました。「最高のピッチには、ビジネスを簡潔に説明する10〜12枚のパワーポイントのスライドと、稼働しているサービスまたはウェブサイトへのリンクと、起業家たちの経歴や実績だけが含まれている。」という中身が記されています。

　学者やコンサルタント、銀行員が悲しむ中、事業計画書は死に、スタートアップの世界で新しいツールが生まれたのです。

初プロトタイプとしての
ピッチ資料

　会社でいつものように仕事していたところ、素晴らしいアイデアを思いついたとしましょう。

　「もし〜をやったら？」とか「なぜ世の中には〜がないんだろう？」とか「〜があったら世の中はもっと良くなるのでは？」という思いが生まれ、脳を侵食するように大きくなり無視できなくなってきます。

　実はそのひらめきというのは完全に間違っているかもしれません（実際は間違っていることの方が多い）。ですが、きっかけとなった無視できない「なぜ？」という問いは間違っていません。ピッチ資料には、その「なぜ？」の力に人も感染させられるという秘められた力があります。

　ワクワクしている起業のアイデアを人に言わずにはいられないのではないでしょうか。奥さんやご主人が嫉妬している可能性も十分あります。あなたは取り憑かれているのです。素直になるしかありません。今の時代でなければ、起業家ではなく変人と呼ばれることです。そのような高揚感を相手にも同じ気分を味わってもらうことを目指しピッチします。しかしコミュニケーションの方法を知らなければ、それは相当難しいことになるはずです。

アイデアを明晰に

　いいアイデアを思いつくとメモ用紙、電子メール、そして頭の中に断片的に記録されます。こうした一連の断片情報はまるで脳内の状態と同じです。数千ものニューロン同士が網目となって考えを伝えあい、それまでつながっていなかったシナプスがつながり、刺激や記憶としてつくられているのです。しかし、そのぐちゃぐちゃな網目を他の人にわかってもらうには、情報をもう少し取り扱いやすい状態にする必要があります。

　ビジネスモデルを紙に記述することが、その最初の一歩になります。書くことで、強制的にビジネスアイデアが要素に分解され、それぞれの要素も言語化されます。ビジネスモデルを書かずにビジネスモデルを改善することはできない、という言い方もで

きるでしょう。

　起業初心者にとっては、アドバイスは資金よりも貴重です。しかもアドバイスは、資金提供の予兆であることもしばしばあります。本書の執筆に際して行ったインタビューにおいても、「アドバイスが欲しいなら、資金を求めなさい。資金が欲しいなら、アドバイスを求めなさい。成功するにはどちらも必要だ」という古い決まり文句を何度も聞きました。

　ビジョンとビジネスモデルの説明ができるような資料を用意し、会う人すべてに事前送付しましょう。この資料は、受け手が反応し、意見を言い、付け加えたり、差し引いたりする題材へと変わるのです。初期のスタートアップにとって、ビジネスのブラッシュアップ方法としてもっとも手軽で安価なのは、ピッチ資料を作成し、繰り返し修正することです。シードステージ前のスタートアップにとってはピッチ資料そのものが会社です。スタートアップにとって重要な想定事項が記述されており、なによりも、なぜそのスタートアップがすごいのかを人に説明する素材です。

　では、どのようにピッチ資料をつくればいいのでしょうか？その基本的な構造は驚くほど簡単で、投資家が投資案件を見定めるときに確認することに沿ったものです。次の章でその中身を紹介しましょう。

2 ピッチ資料の構成要素

ピッチ資料は1枚1枚のスライドによって構成されています。スライドはストーリーの最小単位としてマンガの1コマのようです。スライド1枚1枚は、スタートアップが持つ一つ一つの側面に焦点を当てつつも、全体の流れをつくり出します。そのうちに、ミーティングやプレゼンの機会ごとや目的に応じて徐々にスライドが増えてくることになると思います。いずれは増えていったスライドの束から適宜選んだり、並べ替えたりすることになりますが、これから紹介する10枚（表紙を除く）が基本となるスライドになります。

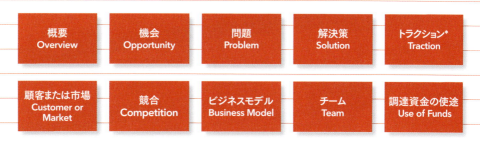

* トラクションとは、「地面と噛み合うことによって生まれる推進力」という意味で、スタートアップにとっては顧客と噛み合うことによって生まれるビジネスの成長力を指します。

表紙
何が待っているのか？

表紙スライドとは？

　表紙は聞き手の注目を引き、ピッチの雰囲気を整え、「間」を取ります。この間をつかい、聞き手に対する感謝や自分の情熱、共通の知人に関する話題を持ち出し、関係を築きましょう。

何を示すか？

- **キレイなロゴ**　ロゴはブランドの顔となり、全体感に大きな影響を与えます
- **魅力的な写真**　商品や顧客の魅力的な写真を掲載するのもよいでしょう
- **資料のタイトル**　「投資家向けご紹介」や「投資家向け発表資料」等の説明と日付を表紙のどこかに書いておきます。日付はバージョン管理に役立ちます

ポイント

- ピッチ資料を開きたくなるような表紙になっているか
- 商品もしくは顧客について伝わるような見栄えになっているか

Skycatch

Karma

Able

概要
私たちは一体何者なのか？

概要スライドとは？

概要スライドはあなたの企業についての「エレベーターピッチ」つまり、資料全体を15秒に圧縮したバージョンです。発見した世の中の問題をどのように解決しようとしているのかを説明し、スタートアップの全体像を味見してもらい、もっと聞きたくなるよう促します。

何を示すか？

- **明晰さ**　会社の役割を極めてわかりやすく表現します
- **迫力**　起業は勇敢で大胆なチャレンジです。概要ページにはその大きなチャレンジを成し遂げられそうだという自信や熱意を表現します
- **情熱**　あなた自身が強い関心を持っていなければ、他の誰も関心を持ってくれません

ポイント

- スタートアップがやることは具体的に何か？
- どんな業界にいるのか？
- 画期的なアイデアなのか？

Contactually

Karma

Reaction,Inc.

DEEP DIVE
深堀りコラム ❶

エレベーターピッチ

　エレベーターピッチはスタートアップの内容と魅力とをシンプルかつ素早く伝える方法です。時間が15秒しかないときに、誰かの関心を引くために準備しておくとよいでしょう。例えばエレベーターでばったり会った時間や、道端でタクシーやウーバーを待つ間の一瞬の機会を活かすのです。

　素晴らしいピッチというのは馴染みやすいことと、ワクワクすることを組み合わせることにあると、名脚本家ブレイク・スナイダーは言います。聞き手にとって馴染みのある話題から始め、次に意外性の高い内容で関心を引き、好奇心を高めるのです。

アナロジーを使う　聞き手が背景情報を知らないと思った方がいいでしょう。共通理解できる言葉や図表を用いて説明し、投資家や顧客に魅力を伝えます。

製品の動きを説明するのではなく、それが顧客をどう動かすのかを説明する　エンジニアがやってしまいがちな間違いです。「顧客はドリルではなく、穴を買っている」というハーバード大のテッド・レビット教授の言葉は、まさに名言です。

喧嘩を買う　多くの人が嫌がっているようなことに恐れず立ち向かいましょう。喧嘩を買って出ることは、問題を解決しようとしている証です。

ビジョンを語る　製品についての説明に終始しないようにします。その製品を通じて世の中がどう変わるのかを語りましょう。

例

> 初のまともな〇〇

- **Silvercar**: 初のまともなレンタカー会社
- **Karma**: 初のまともな携帯キャリア

> もっとも〔簡単な/早い/楽しい/優れた〕〇〇

- **Shyp**: 最も簡単な物流

> （アナロジーを使って）〇〇業界の△△

- **TreeHouse**: ホームセンター業界のホールフーズ

> 顧客が（製品）を使うことで
> （問題）を解決することができる

- **Contactually**: Contactuallyプラットフォームを活用することで、顧客との関係を保ちながら受注を増やせます

機会 Opportunity
**この市場では何が起きているのか？
なぜ今なのか？**

機会スライドとは？

　現在の市場環境を説明し、その中であなたのスタートアップがどう位置づけられるのかを伝えるスライドです。
外部環境のトレンドやマーケットの規模、そしてスタートアップの成長性を訴求します。市場環境をまるで航空写真のように俯瞰するスライドをつくりましょう。市場の状況やトレンドから、新しい会社が入り込む余地や成長余地があることを投資家たちに示しましょう。聞き手があなたと同じように現状を理解してくれれば、その後の解決策についても理解しようとするはずです。

何を示すか？

・**爆発的な成長機会**　爆発的に成長している市場の

2　ピッチ資料の構成要素

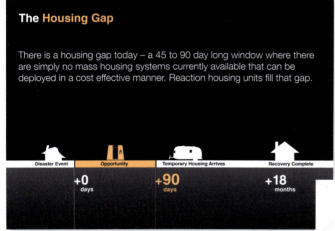

Reaction, Inc.

SOLS Systems

035

セグメントを示します。急速に伸びる市場ではスタートアップにとっての機会が大きくなります
- **市場構造の曖昧さや混乱** もやもやした市場構造の中では、スタートアップも目立ちやすくなります
- **入念な準備** 十分に検討を重ね、聞き手よりも市場について知っているという根拠を示します

ポイント

- どんなマクロやミクロなトレンドに乗ろうとしているのか？
- 市場規模は？
- どこまで成長し得るか？

Problem 問題
何を解決しようとしているのか？

問題 スライドとは？

　起業は究極の問題解決です。大きな問題であればあるほど望まれます。

　このスライドでは解決しようとする問題と、その問題をなぜ解決すべきなのかを表現します。聞き手に、まるで理不尽な状況が起きていると感じさせましょう。ここで投資家が深くうなずくようならピッチは成功です。まずは抽象度の高い問題として定義

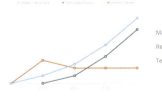

Skycatch

TreeHouse

し、すぐに具体的な誰かの問題として語ります。共感は一般論からではなく、顔の見える一個人の問題から得られるものです。

　必ずしも新たな問題を解決する必要はありません。古くから存在する問題に対し、新な選択肢や自由度を与えるパターンもあります。アパレルや外食、消費財業界においてよくあるパターンです。このタイプのスタートアップの場合は、前述した機会スライドに集中し、充実させましょう。

何を示すか？

- **大きな問題と大きな市場**　問題を抱える人の人数をなるべく具体的に示します。人数は大きければ大きいほどいいでしょう
- **深い理解**　共感と自信とを示し、問題を取り巻く状況をいかに理解しているかを訴求します
- **顔の見える人**　実際に存在する人が抱える問題を具体的なストーリーとして語ることができるのが理想です

ポイント

- 何が問題か？
- 問題の規模は？
- 問題が発生した理由
- 現在の対処方法

First Opinion

Hinge

解決策 — 問題をどうするのか?

解決策ページとは?

ここまで説明すれば、業界の状況とその問題点を聞き手と共有できているはずです。いよいよ解決策ページの出番です。ユニークな解決策を提示し、聞き手を魅了してください。投資家たちを驚かせましょう。知財の説明なども加えて、どのようにアイデアを競合から守るのかも紹介しておくとよいでしょう。ユースケース(具体的な応用例)をつくり、顧客を喜ばせている状況を説明します。

なるべくリアルかつインタラクティブに表現します。ミーティングには実際の製品やインタラクティブなデモを取り入れます。1分〜3分程度の短いビデオや、イラスト、画面イメージ、写真、プロトタイプ、サンプル、スケッチ、デモの方が、口で説明するよりも説得力があります。

この本から仮に何も得ることがなかったとしても、1つだけ覚えておいて欲しいことがあります。解決策ページは、絶対に箇条書きにしないこと!

何を示すのか?

- **美しさ** 解決策には何らかの美しさが備わっているべきです。解決策として理想的であることを示しましょう
- **驚き** 聞き手が見たこともないような解決策だと思えるようにすべきです
- **再現性と拡大可能性(スケーラビリティ)** 解決策が再生産可能であることを示すべきです
- **困りごとの解決** 顧客の切実な困りごとが解決されることが明確に示されているといいでしょう

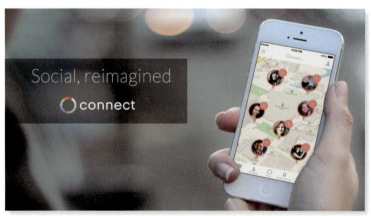

Connect

- **チーム力** あなたのチームが解決策をつくることができることを自慢するチャンスです

ポイント

- まるで魔法のように顧客の問題を解決できるか？
- 顧客はその製品を切望するか？
- 解決策によって顧客はどう変わるのか？
- どうやって実現するのか？
- 解決策はスゴイか？

Hinge

Tegu

 ## トラクション
成功の証は？

トラクションスライドとは？

　このスライドの目的は、スタートアップが想定していることが実現しつつあることを示すことです。トラクションの典型的な指標としては売上やユーザー数の推移等が挙げられます。ホッケースティック図とも言われている例のグラフのことです。それ以外にも重要な指標があるようなら、それを使っても構いません。投資家は一つ一つの投資先を細かく管理したくはないので、自律的に成長できることをトラクションスライドで伝えましょう。まだ製品のない段階のスタートアップなら、このスライドを使って将来の重要なマイルストーン、重視している指標、販売戦略やマーケティング戦略等を説明します。

何を示すのか？

- 高成長の予兆や証
- 評価指標と選んだ根拠
- 顧客接点・誘引・販売・アフターサービスといった一連の営業プロセス

ポイント

- 大きな成長が見込めるか？
- 重要な仮説は検証されつつあるか？
- 顧客を増やすための戦略は？

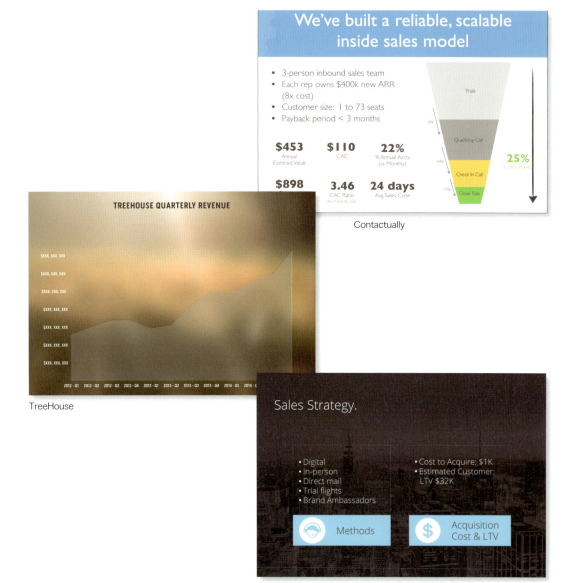

Contactually

TreeHouse

Beacon

顧客もしくは市場
顧客は誰なのか？
そして何人いるのか？

顧客もしくは市場スライド

このスライドでは、顧客とその市場をあなたが熟知していることを表現します。彼らがどこに住んでいて、何を好み、いくらくらい消費しそうかなのを解説しましょう。すでに売上があるなら、実例は有効です。顧客だけでなく市場、つまり潜在的な顧客数についても語ります。

何を示すのか？

- **顧客像** 聞き手にとって身近に感じるように顧客について説明します
- **明確な市場** 顧客となる要件を満たす人が何人存在するかを数字で示し、そのうち何パーセントの人が買うことになり、その中でも最初に買う人の特性、等を具体的に説明します
- **売上** 実際に支払いをしている顧客がすでに存在する場合は、容易に需要を示せます

ポイント

- 顧客は誰なのか？
- どのように顧客にリーチするか？
- 顧客獲得コストは？
- 顧客は支払いの意思があるか？

Reaction, Inc.

Contactually

SOLS Systems

DEEP DIVE
深掘りコラム❷

市場規模の推定

　市場規模を推定するには、いくつかの問いに答えていくことをします。顧客はどのような人たちなのか？顧客の種類は？顧客が持つ潜在的な規模は？何人存在するのか？顧客あたりの単価やマーケットシェア等の実データを集めることが推定の基本です。顧客とそれ以外の人をどのように区分けして、数字を決めていく作業にはセンスが必要です。市場創造や新市場を狙うスタートアップにとっての市場規模推定は難しくなりますが、投資家がつかうキーワードをヒントに考えやすくしてみましょう。

TAM（有効市場）：
獲得可能な最大市場は？

　TAM（Total Addressable Market）とは製品を買う可能性のある顧客数とそれぞれの客単価の積です。

　全国規模であったり、「Eコマース」といった大くくりの市場のTAMを知るために、ガートナーやフォレスター、D&B、フーバーズ等の大手調査会社に依頼するスタートアップも多いようです。しかし、もう少し精度の高い方法もあります。それは顧客になり得る個人や企業の特性（例えば、「アメリカにある」「Eコマース企業」）から人数や企業数を求め、期待する顧客生涯価値（LTV＜訳注：一人の顧客が生涯でその商品やブランド等に消費する総額＞）と掛け合わせることです。

SAM（対象市場）：
最初は誰を対象に売るのか？

　SAM（Served Addressable Market）とはTAMの一部で、実際に製品やサービスの供給先として選択した市場の規模です。TAMからさらに地域や製品等、1つあるいは2つ程度の特性で顧客を絞り込み、SAMを求めると顧客像が具体化します。SAMの計算方法はTAMと同じです。絞り込みの顧客特性を選び、その特性を持つ人の数を求め、LTVを掛けます。

エントリー市場
（足がかり市場または橋頭堡市場）：
最初の顧客になるのは誰か？

　エントリー市場は、最初に販売対象とする市場です。これらの顧客は共通の「ジョブ」を持ち、そのジョブを解決するために製品を買います。そのジョブを特定しましょう。共通のジョブを持つという顧客特性は地域や業界、収入といった一般的な特性とは異なるので注意します。ハーバード大学教授のクレイトン・クリステンセンはミルクシェイクの売上

を伸ばそうとしていたファストフード店の話を引き合いにします。デモグラフィック（人口統計学的）な分析をしても改善が見られず苦労していた時、ミルクシェイクを使って顧客がやりたかった用事、つまりジョブを調べることにしました。ジョブを深掘りした結果、朝の時間帯では、通勤中の暇つぶしに使われたり、午後は子供へのご褒美として親に使われていたりすることがわかったのです。それにより製品を改良するきっかけを得て、長距離通勤をする人や小さな子供のいる親といった新たな顧客セグメントの発見へとつながりました。エントリー市場には、あなたの製品を「雇って」解決したいジョブと顧客の共通の特徴から人数を数えます。その人数と期待するLTVとを掛け合わせることで市場規模を求めます。

Competition

競合
顧客にとって他の選択肢は？

競合ページとは？

　どんなスタートアップも必ず競合がいます。あなたがいま解決しようとしている問題を人は何らかの方法で対処しているはずです。その「方法」が実は競合なのです。

競合をリストアップし、現在の市場でどのように競い合っているかを表現しましょう。次に、あなたのアプローチがその競合たちとどのように異なり、どのように優れているのかを明示します。パートナーシップや技術的な優位性、知財、シンプルさ、業務プロセス、ネットワークはいずれも優位性となり得ます。一般的には、X軸とY軸という軸に競合をプロットし表現します。例えば、価格も手ごろでかつ性能も高い製品を開発する場合には、X軸に価格、Y軸に性能をプロットし、自社の製品を左上の象限（低価格・高性能）に配置し、競合は他の象限に配置します。これにより、あなたの製品がどのような差別化ができているのかをビジュアルに表現することができます。

何を示すのか？

・**業界知識**　競合のことを知っており、長所や短所を把握しているべきです

・**冷静な判断**　自分のアイデアに溺れているスタートアップは致命的な問題を見逃す危険があります。投資家はあなたが冷静に競合を見ているかどうかを見ています

・**差別化**　競合との違いは明確に伝えるようにします

・**独自の優位性**　競合と比べた特別な優位性を示します

Able

ポイント

・競合を2つ挙げると、顧客から見た比較は？
・あなたより優位になり得る新規参入の競合は？
・既存の会社を置き換えるような参入か？
・現状の市場をどのように破壊するか？
・競合より早く、安く、優れているか？
・既存企業がアイデアを真似て、より早く市場開拓することができるか？

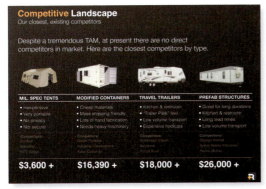

Reaction, Inc.

Contactually

ビジネスモデル
収益はどのように得るのか？

ビジネスモデルスライドとは？

　どうやって収益を得るのか示すことは、案外簡単です。

　例えば財務モデルがあれば、次の質問に答えることができるでしょう。

❶ 1人の顧客を獲得するのに必要なコストは？
❷ その顧客から得られる生涯にわたる売上は？
❸ コストは売上単位あたりいくらで、月額いくらか？

　売上が立つ前の企業には、すべての数字を想定で説明することが許されています。だからといって非現実的な数字を語る口実にはなりません。ピッチ資料自体は、ビジネスアイデアを説明する目的であり、詳細な財務計画やシミュレーション、感度解析や収益性解析まで行う必要はありませんが、売上、粗利益、EBITDA（減価償却前営業利益）、純利益、バーンレート（会社運営にかかる毎月の費用）、キャッシュフローなど幾つかの重要な指標について触れておくことは大切です。また、これらの指標と同じくらい重要なのが、数字に意味を持たせることです。例えば「市場シェアの1％を獲得できれば売上目標に到達します」といった具合にです。

何を示すのか

- **一貫性** コストと売上が将来にわたって、どのような関係にあるのかを明確に表します
- **財務リテラシー** あなたがスタートアップ企業の財務を把握できていることを示します
- **冷静さ** 過度に楽観的でも悲観的でもないことが求められています

ポイント

- LTV（顧客生涯価値）の3分の1以内のコストで顧客の獲得ができるか？
- 月間のバーンレートは？
- 売上予想は理にかなっているか？
- コストは適切か？

Tegu

DocSend

Beacon

DEEP DIVE
深堀りコラム ❸

財務モデル

立てる

どのような財務モデルも仮説から始まります。いつ、どのように、何人の顧客を獲得するのか、その売上がコストや利益に及ぼす影響についての想定です。
一般的に以下のような仮説を立てます。
- **顧客獲得コスト** 1人の顧客を獲得するのに必要なコスト
- **売上成長率** どのくらい急速に売上を上げることができそうか。毎月の新規顧客数や増加率など

気づき

これらの仮説が将来にわたっていくつか積み上がると、財務に関する推定目標値ができます。財務モデルが完成すると3つの推定目標値ができます。
- **損益計算書** 事業から得た売上や製品の原価、販売のコスト、最後に残る利益（純利益）を表したもの
- **キャッシュフロー計算書** 銀行の残高がどうなるか。在庫や負債を抱えるような複雑な事業において、キャッシュフロー計算書と損益計算書は大きく違ってきます
- **貸借対照表** 企業が持つ一連の資産（現金、不動産、在庫）と債務や資本とのバランスを見ます。

財務モデルをつくる理由は、スタートアップのリスクや機会に関する鍵となる知見を得るためです。
- **キャッシュフロー** 儲かるとすれば、いつ黒字化するか？
- **バーンレート** 毎月消耗する資金はいくらか？
- **利益率** 純利益を売上で割った数字は？
- **損益分岐点** キャッシュフローがプラスに転じるのはいつか？
- **価格設定** 少しの値引きで利益がなくなったり、キャッシュフローを圧迫しないか？

チーム
このチャレンジをするのは誰か？

First Opinion

チームスライドとは？

チームスライドでは、メンバー一人ひとりの役割や経歴、実績等を紹介します。すでに投資家やアドバイザーがいるようなら同時に紹介しましょう。プレゼンでは、経歴の説明は1分以内に抑えます。身近に感じてもらい、知ってもらい、目標を達成できそうだという印象を与えることが大切です。

何を示すのか？

- **簡潔さ**　各メンバーの経歴は75ワード（訳注：日本語で約150字）以内にします
- **事業領域に関する知見**　目標達成に適した経験や知識を持ち合わせていることを表現します
- **情熱とチームワーク**　チームでつくり上げようとしている企業文化がチーム内で強く共有されていることを伝えます

ポイント

- ふさわしいチームだと言える理由は？
- 目標達成に十分なチームになっているか？
- 他に雇いたい人はいるか？

Hinge

Shift

*投資家が求めることもあるので、別途少し長め（250〜500ワード）の経歴書を用意しておくとよいです。ピッチ資料では関心を持ってもらうのが目的であって、あなたの人生について語ることではありませんので。

調達資金の使途
必要なものとその目的は？

調達資金の使途スライドとは？

　優れたピッチ資料は、投資家に対する依頼内容がはっきり表現されているものです。依頼内容はその資金の使い道だけでなく、資金に対するリターンとの組み合わせで提案しましょう。一部の起業家は、会社を売るためのあらゆる手段、例えばM&A先の候補や上場やらを諸々書きます。違うアドバイスをする人もいるかもしれませんが、まずは自社についてしっかり語ることが大切だと思います。いくら必要で、その資金をどのように使いたいのかをはっきりと伝えるのです。その使った資金によって獲得する資源や成果は何でしょうか。

何を示すのか？

- **明確さ**　資金の用途は明確かつ具体的にします
- **目標成果・マイルストーン**　資金を使って得る成果を明確に定義しておきます

ポイント

- 求める金額規模や投資の種類は？
- 資金をどのように使うのか？
- 資金を使って何を実現するか？
- 他に投資してくれる人は誰か？

Contactually

First Opinion

Reaction, Inc.

追加スライド

　これまで紹介した10枚のスライドがほとんどのピッチ資料の中核となります。ですが、事情や好みのストーリーに合わせ、加えたくなるスライドが他にもあるかもしれません。そのようなときのために、ピッチ資料に入れるか添付資料として加えてみてもよいスライドを41種類リストアップします。

1 | よくある質問（FAQ）　一般に、誰もが聞くような質問は5〜10くらい出てきます。これらの質問に正面から答えることで信頼を築くことができます。スライドには質問とその答えを横に並べましょう

2 | 沿革　背景情報は効果的です。時系列に沿革を示したスライドを使って、会社設立やメンバーの増員、販売開始、売上記録の達成等、重要なマイルストーンを示します

3 | 製品　シンプルに製品を見せます。文字は最小に、製品の画像を全面に映し出し、スライドの主人公を製品にします

4 | 市場　事業を展開する市場について必要なことを説明します。市場のトレンドや変化、規模等の重要な特徴を表現します

5 | 特許　特許は企業価値を高めます。もし保有している特許があるなら伝えましょう。真似してくる競合企業に対するわかりやすい防衛策になります

6 | 指導者　多くの起業家はこのスライドを使います。私たちがもっとも好きなスライドの一つでもあります。アドバイザーや友人、投資家、等々をリストアップします。直接学んでいる人もいれば、目標としているような人も加えていいでしょう。あなたが好奇心旺盛で、多くの人から学ぶ姿勢でいることを伝えることができます

7 | エグゼクティブ・サマリー　スタートアップの全体像をスライドの中心に1〜2文でまとめます

8 | 損益計算書・貸借対照表・キャッシュフロー計算書　この3つがいわゆる財務諸表になります。スタートアップのステージが進むにつれ重要性を増すスライドです

9 | 投資ハイライト　資金調達の推移やこれまで出資してくれた著名な投資家の一覧をつくります

10 | 達成したマイルストーン　これまで達成してきた一連のマイルストーンを示すことで、やり遂げる力を持っていることが示せます。まだ製品販売まで至っていなくても、途中のマイルストーンを達成していることを伝え、勢いがあることを伝えましょう

11 | ブランディング　B2C企業や新製品販売を行う企業にとっては、顧客の経験価値が生死を分けます。

製品が消費者に与える経験が重要だと考えているようなら、このスライドを使って見せつけましょう

12 | 製品ロードマップ　投資家たちは、将来のことも気にしています。次の3カ月、6カ月、12カ月にどのような展開を考えているのかをガントチャート等の時系列な図を使い長期的な製品計画を表します

13 | ミッション　ミッションは実行可能かつ個人的なものであるべきです。あなたの会社の存在意義は何でしょう。ミッションを通じて、チームメンバーの判断がしやすくなり、周囲にはスタートアップのエネルギー源を伝える役割を果たします

14 | ビジョン　ビジョン、すなわち創造したい未来像を示すことは意欲的なことです。このスライドの目的は周囲にもそのビジョンに対する共感と協力を獲得することです

15 | 写真　厳密にはスライドの種類ではありませんが、ストーリーテリングの手法です。写真だけ、もしくはわずかな言葉を添えた写真を用いることで、聞き手に感じてほしい雰囲気を演出します

16 | サプライチェーン　製品を生産するために必要な部品や原材料をどのように調達するのかを図式化します。サプライチェーンを保護することで、競争優位や参入障壁を築くことが可能になります

17 | 機能　製品がどのように効果を発揮するのかを手短かに説明します

18 | リスク　スタートアップが直面している重要な課題を記載します。リスクの例としては、未だ検証していない仮説や、不利に働きそうな業界の動き等があります。このスライドを通じて、あなたがリスクを把握していて、対策を講じていることを伝えます

19 | 差別化　参入しようとしている市場が一般的に競合の多い市場だと見なされている場合には、このスライドを使って他社との違いを示します

20 | 拠点　顧客の居場所や販売拠点などを地図で示します

21 | 地理的成長計画　拠点スライドの未来志向版を作成し、今後数カ月間にわたって地理的に展開予定の拠点を表します

22 | スクリーンショット　製品のスクリーンショットによって、顧客が受ける印象と同じ印象を、聞き手にも簡単に伝えることができます

23 | 購買ファネル　漏斗（ファネル）の図を示すことで、顧客を獲得する仕組みを表現することができます。一般的なファネルは、リード獲得、リードの検証、潜在顧客の教育、反論への対処、クロージング、アフターサービスのようなステップで構成されています。投資家は購買までの各ステップで顧客にどう対応し、

どのような歩止まり比率（コンバージョンレート）で次のステップに移行するのかを知りたがっています

24｜顧客獲得戦略　このスライドは顧客獲得方法を購買ファネルとは異なる方法で表現したものです。メール配信、グーグルやフェイスブック広告、アンバサダー戦略、インフルエンサーマーケティング、顧客紹介プログラム、展示会、飛び込み営業等々、具体的な顧客獲得戦略を描きます。戦略以外にも、営業にかかる費用やコンバージョンレートについても説明を加えます

25｜LTV（顧客生涯価値）　製品と顧客とが関わる全期間を通じて、顧客が支払う金額はいくらになるでしょうか。金額とその根拠（期間と購入頻度）を示します

26｜設計／設計図　機能スライド同様、製品の内部構造を見せます

27｜経緯と沿革　これまでにチームが経験してきた裏話や、現地点にたどり着いた経緯などを説明します。類似した領域での実績や能力を示す場合に使用します

28｜独自の価値提案（ユニーク・バリュープロポジション）　ビジネスモデルキャンバスやリーンキャンバスのようなツールによって有名になった概念を使って、製品を買う必然性や、他では得られない顧客価値を表現します（訳注：ビジネスモデルキャンバスとは、ビジネスモデルを記述するためにアレックス・オスターワルダーが考案したテンプレート、リーンキャンバスはビジネスアイデアを手早く評価するための表）

29｜競争優位性や参入障壁　他社には真似できないような優位性を説明します

30｜パイプライン　1つの取引が大きい企業の場合には、商談が進んでいる著名な企業のロゴ一覧や取引額を見せることで、売上の見通しについての確からしさを示します

31｜戦略提携　顧客獲得につながったり、コスト低減を可能にしたり、新市場への開拓を可能にするような戦略提携先を企業名やロゴで表します

32｜顧客コメント　顧客の発言を引用することで、製品やサービスが売れている理由を顧客視点で伝えることができます

33｜類似企業　近い領域で事業を営む企業とそれらの特徴を示します

34｜事業立ち上げ計画　最初にどの顧客をターゲットにし、どのように攻めますか？最初の一歩として適切である理由とともに示します

35｜ケーススタディ　ある顧客やパートナーとの事例を語り、あなたの製品がどれくらい役立ったのか

を伝えます

36 | **組織図**　現在のチームや肩書き、指示系統を示した図を描きます。樹形図による典型的な組織図で構いません

37 | **エグジット戦略**　事業売却なのか、上場なのか、もしくは他の手段でエグジットする計画があるなら、それを書きます。事業売却なら、想定している売却先をいくつかリストアップします

38 | **エグジット事例**　あなたのスタートアップに近い会社がエグジットに成功した例を示します。エグジット時のバリュエーションも含めて書きます

39 | **まとめ**　このスライドは「一言で言うと」というスライドになります。スタートアップの強みと同時に聞き手も仲間になりたくなるようなチャンスを表現します

40 | **技術**　製品のコアであり、真似の難しい技術を図示化して解説します

41 | **バリュエーション**（現在の企業価値）　調達ラウンドの総額やバリュエーション等、提案内容を記したスライドです。資金調達を転換社債で行っている場合には、バリュエーション・キャップ（指標と企業価値の差）と割引率を示します

単なるスライドを超えて：
ストーリー、デザイン、テキスト

「ピッチ資料の構成要素」では、基本的な骨組みを紹介しました。これで十分だと感じる起業家も多いようです。しかし、これから3つの章にわたって、ストーリー、デザイン、テキストという3つの要素を紹介し、素気ないスライドに命を吹き込み、最大の武器に仕立て上げる方法をお伝えします。目安として、構成に時間の25％をかけ、残りの75％にユニークなスライドづくりにかけてみてはどうでしょう。

3 ストーリー

ストーリーは説明し、魅了し、かき乱し、触発を生みます。ストーリーによって何が大きな問題なのかがはっきりし、不可能だと思われていたことができそうに感じることもあります。優れたストーリーは私たちの内側にある真実を語ります。だからこそストーリーは効果的なのです。起業家精神とはある意味、再現性のある解決策によって問題が解決されるストーリーをつくり、語ることです。ピッチ資料を縫い合わせる糸がストーリーなのです。ここでは3つの方法でストーリーを活用していきます。

❶ 各スライドにつながりを持たせ、一つの物語として語るため
❷ 各スライドの中身を説明する方法として
❸ 議論や質疑のときの話の内容として

鍵となる要素：

- 原体験ストーリー
- 顧客ストーリー
- 業界ストーリー
- 成長ストーリー

人前でプレゼンする場合も、資料を送付する場合も、ストーリー性がなければ退屈なスライド集になってしまいます。

このセクションでは、ストーリーの4つの基本形を紹介しながら、charity:waterのスコット・ハリソン創業者CEOの事例をケーススタディとして学びます。この10年の間に、charity:waterはNPO団体に革命を起こし、世界的な水不足問題に大きな影響を与え、21世紀における資金調達の代表例となりました。

これまでに1万6,000もの水プロジェクトに資金を提供し、25カ国にいる520万人にきれいな水をもたらすとともに、100万人以上のサポーターから累計1.85億ドルの資金を集めています。
NPOと普通のスタートアップでは異なる点もありますが、ビジョンを共有し、支援を得るためのストーリーは、すべてのチャレンジに共通しています。

原体験ストーリー

18年間保守的な親の元で愛情たっぷりに育ったあと、スコット・ハリソンは反乱を起こしてもいい頃だと思いました。ありふれたティーンエージャー映画のように、ニューヨークに出て行き、バンドを組み、お酒も覚えました。すぐにバンドは解散。しかしバンドで演奏するよりも、ショーに出演する方がお金になることを発見します。企業のプロモーションとして特定のブランドの酒をパーティーで飲むと稼げるのです。そうやってスコットはナイトクラブのプロモーターとして働くようになりました。20ドルのシャンパンを200ドルで客に売り込んだり、バドワイザーと月2,000ドルで自社のビールを飲むような契約をしたり、バカルディとも同じ額でラムの契約を結びました。

10年後、ちょうど正月にウルグアイに旅行した

Images Copyright Scott Harrison

ときのことです。彼は周りを見渡すと、自分がもっともヒドい男だということに気づきました。美男美女とドンペリに囲まれながら、こう思いました。「今のところにい続けていても探しているものは見つからない」。翌日、二日酔いのまま聖書を読み始めます。そこで次の一言に出会いました。「信心とはこれです。すなわち、孤児ややもめをその苦難の際に見舞うこと、また世から汚されないよう自分を守ることです」。これまで生活のために人を騙してきた人にとっては耳触りのいい言葉ではありません。何か大事なことをしないといけないと感じました。10年の時を償うために1年間貧しい人たちのために奉仕することを神に誓いました。するとある日、月500ドルを払えばボランティア団体のカメラマンとして働けるというチャンスを手に入れます。クレジットカードを渡しながら、どこに行くのか彼は尋ねました。

行き先はリベリアです。救急船に乗った医師が国から国へと渡り、顔に奇形を持つ人たちの手術をして回る組織でした。スコットは強烈な貧困と病とに圧倒されます。何千人もの写真。唇の腫瘍が大きくなりすぎて呼吸ができなくなっている人、村から除け者にされ石を投げつけられる人。こういう人たちは簡単な手術で治るはずでした。1年が経ち、2年目も続けることにすると、その年、彼は病の原因を発見することになるのです。それは水でした。村の外にある美しい池を眺めていると、少女がバケツで緑色の水を汲み上げ、その水を飲みました。「この水を飲んでいるから顔に変なできものができてしまうんだ」とその時に思ったと彼は言います。

ニューヨークに戻っても、その少女の姿が頭から離れません。彼女同様、毎日800万人が清潔な水にありつけていないのです。30歳の時、3万ドルの借金を抱えたまま、スコットは友人の家に転がり込みcharity:water を始めることにしました。生きているうちに飲み水不足を解決するために。

その7年後、スコットはcharity:waterについて話をする時は必ずこのストーリーから始めます。

Images Copyright Scott Harrison

あなたの原体験ストーリー

　愛情あふれる家庭からニューヨークのナイトクラブ、そして世界最貧困にあえぐ国、というのがスコットの原体験ストーリーです。彼の個人的な「理由」です。自らのミッションを発見し、追求を始めた理由であり、周りを巻き込める力の源泉です。

　人に自分のアイデアを応援してほしければ、あなたの情熱の理由を伝えないといけません。charity:waterを始めた理由を共有することで、聞き手は単なる慈善団体ではなく、スコットと個人的なつながりを感じるようになります。「多くの人は、起業家がチャレンジをする理由を知りたがっていて、投資をする前にその人柄をもっと知りたいと考えています。」とスコットは言います。「人を惹きつけるように個人のストーリーを語ることはもっとも大切なことの一つだと思います」。

　今ここにいるのはなぜか？この時代に生まれたのはなぜか？このチャレンジに取り掛かるきっかけは？個人的な使命感をもつのはなぜか？なぜタダでもそんな仕事をするのか？スコットのように成功した多くの起業家において、彼らが始めたスタートアップと個人的な情熱とは美しく結びついています。彼らは自分のスタートアップについて、まるで人生が満たされていくような語り口で話します。美しいのは、それが真実だという点です。

　創業者の原体験ストーリーは、神話学者ジョセフ・キャンベルが『千の顔をもつ英雄』で「ヒーローズ・ジャーニー」と呼んだパターンに合致します。英雄が不自由も問題もない平凡な日々を過ごしている場面から物語は始まります。ある日、深く傷つく問題に直面し、「平凡な日々」を二度と過ごせなくなってしまいます。その直面した経験が彼を変えるのです。生きる目的が変わり、大胆で危険な行動を取ることになり、世界を見る目が変わります。優れた英雄の物語──起業家を含め──はこの筋で流れます。

原体験ストーリーの要素

❶ 普通の生活を過ごしています。世の中の問題にも気づいてません
❷ 突如お告げがあり、冒険を始めないといけないような気になります
❸ チャレンジを受けて立ち、行動に出ることを決断します
❹ 行動に出たことで新しい目的に気づき、そのモチベーションが今日まで続きます

顧客ストーリー

　スコットは話をする時にもう1つのストーリーを語ります。それは charity:waterが支援する人たちのストーリーです。彼は毎日水を運ぶために8時間歩く女性の話をします。5キロ〜7キロある粘土製のポットに13キロ以上の水を汲んで運ぶ女性の物語です。ある日、彼女はポットに水を満たし、村に運んできますが、足を滑らせて転んでしまいます。

ジョセフ・キャンベルのヒーローズ・ジャーニー
Diagram of Joseph Campbell's Hero's Journey

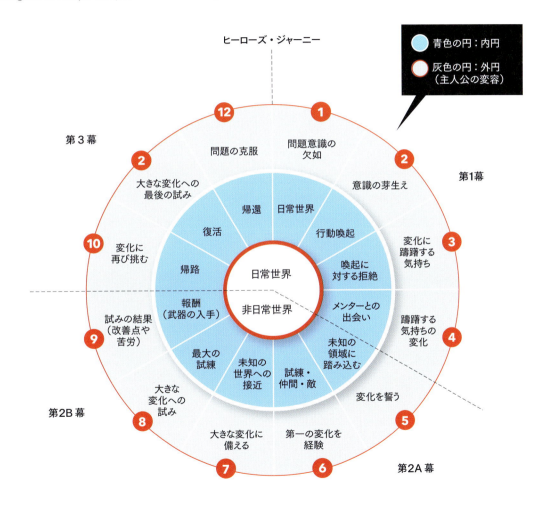

ポットは割れ、ポットを背負うために使っていた縄で村の中心にある木で首を吊ってしまうのです。

あるいは、ヘレン・アピオという名の女性の話をすることもあります。ヘレンはウガンダ北部の村で生まれ育ちました。清潔な水が手に入るまでは、夜明け前に起き、2キロ以上先の水汲み場に行く必要がありました。水汲み場に着くと、何百人も同じような女性がいる中で数時間待ち、20リットルのジェリ缶2つに水を汲みます。村まで歩いて帰ると彼女は40リットルの水の使い方に頭を使わないといけません。調理に使うのか、飲むのか、それとも子供たちの服を洗うのに使うべきだろうかと。そこで、charity:waterは村に井戸を掘ります。水があるとすべてが変わりました。「今は幸せです。食べる時間もあるし、子供たちは学校に行けるし、庭作業もしてシャワーも必要なだけ浴びることができるのです。水浴びをすることが本当に増えました」と彼女は言います。

彼女の明るい顔と、緑色の美しいドレスを見ながらcharity:waterの女性職員が「とても元気そうね」と言います。するとヘレンは職員の肩に手を掛け、言います。「私は綺麗になりました」。このストーリーを語りながらスコットは感動を表します。「何て素晴らしいことなんだ。何てぶっ飛んだことなんだ！人の尊厳を取り戻し、その人が自分のことを綺麗だと思えるなんて。しかも水の量を3倍に増やすだけでできるなんて」。

Images Copyright Scott Harrison

スタートアップの成功は、その顧客の人生をどれだけ良いものにできるかにかかっています。顧客ストーリーを語ることで、世の中の問題をいかに解決

しているのかを示すことができます。ある1人のリアルな人に対する価値提案(バリュープロポジション)を表現することで、スタートアップが目指すことの説得力を増すことができるのです。

　顧客ストーリーもあるパターンがあります。まず、辛くて大きな問題を抱える人の紹介をします。次にその問題が、その人の人生にとってどのような影響を与えていて、問題へのさまざまな対策が効果をあげていないことを説明します。そしてある日、あなたの製品に出会い、ずっと悩まされていた問題が奇跡のように解決されるのです。製品を手に入れたことで人生がどのように変わったのかを語り、このストーリーは終わります。顧客は幸せになり、周囲にも伝えたくなります。それまでは手が回らなかった他のことまでできるようになります。

　ストーリーは聞き手にスタートアップが提供する価値を圧縮してわかりやすく届けます。

顧客ストーリーの要素*

❶ ジョー（主人公）の紹介。ジョーは深刻な問題を抱えています
❷ ジョーはあれも試し、これも試し、何をやっても問題を解決できません
❸ ある日、ジョーはあなたの素晴らしい製品に出会います
❹ 今ではジョーはとても満足していて、友人に自慢して回っています。みなさんもジョーのようになりたくないですか？

* Lee LeFever The Art of Explanationより加筆修正

業界ストーリー

　スコットはチャリティ業界についてのストーリーも語ります。アフリカから帰国すると、彼の友人らはチャリティ運営者に幻滅していたり、疑惑を持っていたりすることを知ります。チャリティ運営者は、寄付金で高級車を買ったり、数百万ドルする豪邸に住んでいたりするイメージが染みついていて、誰も寄付をしようとしません。友人らはこう尋ねます「寄付金の何割が、困っている人たちに実際届くのだろう？寄付がどのように使われているのかを知りたいんだけど」。

　スコットはチャリティ業界が革新されるべきタイミングにあることに気づきます。人が寄付をしないのは、運営団体にばかり寄付金が回るからでした。それに対しスコットはcharity:waterを立ち上げた際に2つの銀行口座を開き、1つは管理費・運営費としての口座、もう1つはチャリティそのもののための口座にしたのです。こうすることで、公に募集する寄付は支援先に直接行くようにしました。

　他にも人が寄付をしない理由がありました。それは、寄付した成果を身近に感じることができなかったからです。ほとんどの団体で寄付をすると、お金がまるでブラックホールに吸い込まれるように感じられます。そのお金がどこに行ったのか、どんなインパクトがあったのかを知る由はありません。charity:waterでは、写真とGPSの位置情報が確認できないプロジェクトには資金援助しないことを約

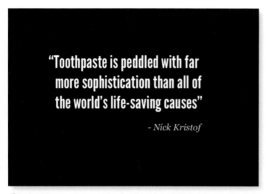

「歯磨き粉のマーケティングの方がはるかに高度化されている。命を救うすべての活動を合わせたものよりも」──ニコラス・クリストフ

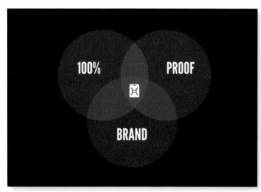

100%×保証×ブランド
image copyright Scott Harrison

束しています。

　誰でもcharity:waterに寄付をすると、そのお金が地球上のどの井戸をつくるのに使われたのかをグーグルマップを通じて確認することができるのです。

　さらに、スコットは多くのチャリティは素晴らしい貢献をしているにもかかわらず、寄付を集めるのは非常に下手だということにも気づきました。ニューヨークタイムズの記者ニコラス・クリストフは次のような言葉で追い打ちをかけます。「歯磨き粉のマーケティングの方がはるかに高度化されている。命を救うすべての活動を合わせたものよりも」。チャリティ関連で目立ったブランドは存在しません。ウェブサイトは不格好で、講演会には誰も集まらず、常に資金不足でかつかつでした。charity:waterが成功するためには、人が帰属したくなるような素晴らしいブランドをつくり上げる必要があるとスコットは考えました。

　以上がスコットの業界ストーリーです。チャリティ業界におけるトレンドや当時の環境がcharity:waterにとって大きな機会を生み出したという概略です。水不足を解消する道筋で、チャリティのあり方が再発明されることになります。

　業界ストーリーを語ることで、大きなうねりがスタートアップにとって望ましいものであることが共有できます。また、スタートアップの社会的、政治的、経済的な環境をあなたが深く理解していることを伝えるのにも役立ちます。その業界のトレンドや象徴的な動きを知っていますか？業界の景気が良い時にはどういうプレーヤーが勝ちますか？景気が悪

い時はどうですか？業界への参入障壁は何ですか？顧客、サプライヤ、代替品、競合企業、新規参入の脅威というファイブフォースによる影響はどうなっていますか？

　一般に業界ストーリーは次のパターンになります。まず、現状の業界構造となぜそのような構造になったのかを説明します。業界の主なプレーヤーや、各プレーヤーの狙いや直面している問題についての解説です。次に、業界が変化し得るような文化的、技術的、経済的なトレンドについて触れます。このようなストーリーは、あなたが逆風ではなく追い風の中を進もうとしていることを物語ってくれるでしょう。

業界ストーリーの要素

❶ その業界ができた時には合理的だった業界構造が、その古い前提のまま続いています
❷ ある特定の社会的、技術的、経済的な要因によって前提が崩れており、業界大手は苦労を強いられています
❸ こうした業界の変化は、その状況に適した特定の企業にとってのみ機会となっています

成長ストーリー

　スコットが語る4つ目のストーリーが、charity:waterの成長ストーリーです。これまでに紹介した個人的な原体験や顧客の変革、社会的トレンドに伴う業界変化といった他のストーリーが絡み合い、charity:waterが成長し、インパクトを与えている様子を語るのがこの成長ストーリーです。

　スコットは自分ができる唯一のこと、つまりパーティーを開催することでcharity:waterを始めました。31歳の誕生会イベントでは20ドルの入場券をアルコール無料という「餌」で釣りながら700人に売ることに成功します。彼はその集めた1万5,000ドルをすぐにウガンダの難民キャンプに送ります。そこで3つの井戸を修理した写真を撮り、GPSの位置情報と一緒に寄付者に送りました。寄付した人たちは、にわかに信じることができませんでした。そのような少額の寄付で何らかの報告があることはなかったからです。寄付したことすら忘れている人もいました。

　彼の次の誕生日、パーティーをする代わりに、家で過ごし32ドル寄付するよう人にお願いしました。すると5万9,000ドル集まりました。その話を聞いた一部の人は同じことをします。テキサス州オースチンの7歳児は2万2,000ドル集め、ジャスティン・ビーバーは4万7,000ドル集めました。ツイッターの共同創業者であるジャック・ドーシーは17万4,000ドル集めました。charity:waterはさまざまなメディアを使って実験を繰り返し、人が関心を持ち、行動を取る方法を試します。実験の結果、効果のある方法は展開しました。2013年には、charity:waterは22カ国330万人もの人にきれいな水を届けることに成功しています。その成果にも感銘を受けますが、まだまだ十分ではありません。スコットの目標は2020年までに1億人にきれいな水を届けることです。その目標に到達するには、さら

7年で… 1億ドル以上 50万件以上の募金
image copyright Scott Harrison

に多くの支援が必要になるでしょう。

　charity:waterの成長ストーリーには4つの基本要素が含まれています。最初に目標に近づくために行ってきたさまざまな取り組みや実験について説明します。次に、彼は実験の結果を寄付者にフィードバックしたり、実験の学びをどのように展開したのかを語ったりします。そしてこの学びがいかに進展を遂げ、成果を挙げたかを説明します。最後に、ここまでの努力と進捗にもかかわらず目標まではまだ遠く、一緒にビジョンを実現する仲間になるよう、スコットは誘うのです。

　アイデアを思いついてから、あなたは何をしてきましたか？その次は何がありましたか？未来には何が待っていますか？起業家にとって、この成長ストーリーは他のストーリーの軸となるものです。チームメンバー一人ひとりが持つ情熱や知識、能力が発揮され、スタートアップの成長につながるストーリーが共有できていないなら、あまりに残念です。

成長ストーリーの要素

❶ 行動しました
❷ 結果が得られました。その結果から学んだことを生かしてさらに行動しました
❸ その結果、信じがたい進展が得られました
❹ これまでの進展もあるものの、今後やるべきことはもっと多いのです

ストーリーの語り方

有史以来、ストーリーは世の中の変革者が好むコミュニケーション媒体でした。プラトンはストーリーを語り、イエス・キリストも語り、リンカーン大統領も語り、スティーブ・ジョブズも語りました。斬新で素晴らしいアイデアと、実際に世の中を変えたアイデアの違いは、すごいストーリーを語れるかどうかにあります。しかもストーリーというのはとてもシンプルです。

これが起きました。次にこれが起き、それによって違うことが起き、ついにすべての結果としてあれが起きたのです——終わり。では、なぜストーリーは効果的なのでしょうか。

洒落ているから効果があるのではありません。ストーリーはまるで人生のようだから力を持つのです。箇条書きでまとめられません。時間を超えて生きたものです。五感に響くような細部にまでこだわったストーリーをストーリーテラーが語ると、聞き手の脳にその内容が再現されていることが、最近のMRI研究からわかっています。アスリートが8月の太陽のもと走りながら額から汗がしたたる状況を語ると、まるでそのアスリートと一緒に運動しているような反応を脳がするのです。

以下の点に注意しながらストーリー要素を入れていくことで、ピッチのインパクトを増すことができます。

素晴らしいストーリーの元とは？

色々な出来事 ストーリーがストーリーたりえるには、何かが起きないといけません。だいたい、ある大きな事件が起き、その結果として次々と他のことが起きることになるでしょう。ストーリーを伝わりやすくするには、最大かつ最重要な出来事だけをいくつか抽出し、それらが互いにつながるように説明していく必要があります。

五感を刺激する鮮やかなディテール ストーリーを語るには人間の認識の原点、つまり五感から始めます。私たちは教育を受けた大人なので、つい抽象的なアイデアや概念、さらには何千年もの進化の結果得られた複雑な感情について話したくなります。風が吹いている様子を見た人なんていないということを忘れてしまいがちです。私たちは、葉っぱの揺れを見たり、肌に涼しく断続的な圧力を感じたり、ひゅーという音を聞いたりするのです。

それぞれの感覚器から得られた結果として風が吹いていると私たちは理解しているのです。

聞き手の関心を引くには、文字通りに同じ立場に立たせ、あなたが見たものを見せ、感じたことを感じさせ、聞いた音を聞かせる必要があります。細部が鮮やかに語られていればいるほど、頭から離れないストーリーになります。

対立 人生には苦難はつきものです。なので、ストーリーも同じようにしましょう。ストーリーに対立がなければ、聞き手には応援する対象がなくなっ

てしまいます。ストーリーの役目は人の関心を引くことです。

人の関心を引くには、好きな人が苦難に直面している姿以上のものはないでしょう。

ナンシー・デュアルテの
スパークライン

ナンシー・デュアルテの著書『ザ・プレゼンテーション』（中西真雄美訳、ダイヤモンド社刊）では、プレゼンに特に重要な特徴がもう1つ挙げられています。「現状」と「ありたい状態」との対比が鮮やかである点です。

現状と未来のありたい姿を行ったり来たりするプレゼンの筋は「スパークライン」と呼ばれていて、プレゼンテーションの脈動を生み出します。この手法を本書では一貫して活用します。1章の「アイデアを明晰に」という部分にも以下のような部分がありました。

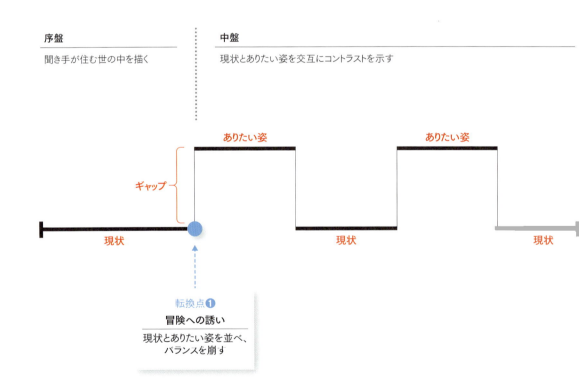

※P29 から引用

いいアイデアを思いつくとメモ用紙、電子メール、そして頭の中に断片的に記録されます。［現状］こうした一連の断片情報はまるで脳内の状態と同じです。数千ものニューロン同士が網目となって考えを伝えあい、それまでつながっていなかったシナプスがつながり、刺激や記憶としてつくられているのです。しかし、そのぐちゃぐちゃな網目を他の人にわかってもらうには、情報をもう少し取り扱いやすい状態にする必要があります。［ありたい状態］

スパークラインはさらに大局的にも存在しています。序章の前半では「現状」（資金調達が困難であることや、アドバイスが適していないこと等）について紹介し、1章の冒頭で「ありたい状態」（スタートアップがどうやって世の中を変えようとしているかをピッチ資料で伝えること）を説明しています。優れたストーリーには独特のリズムがあり、現状とありたい状態を行ったり来たりして、聞き手を最後まで引き込んでいきます。

3 ストーリー

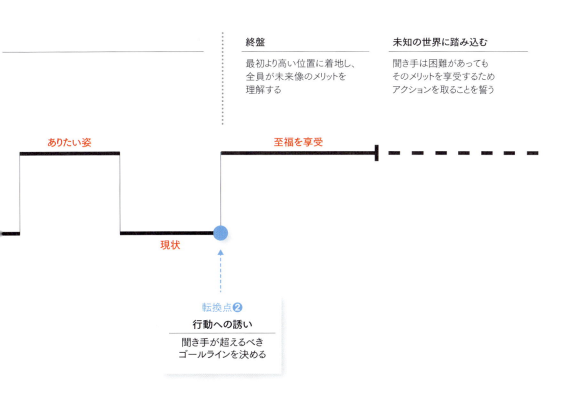

ストーリーを使ってピッチの筋を練る

ストーリーをスライドに当てはめ、並べ替える必要があります。スタートアップにとってもっとも強い意味を持つストーリーから始め、聞き手が関心を持ち続けられるようにストーリーを組み立てていきます。

ここにピッチにストーリーを当てはめた例をいくつか紹介します。

原体験ストーリー	1. 表紙 2. チーム
業界ストーリー	3. 機会
顧客ストーリー	4. 問題 5. 解決策
成長ストーリー	6. 競合 7. 優位性 8. ビジネスモデル 9. 財務 10. 調達資金の使途

原体験ストーリー
- 社会的意義の高い商品やサービスに
- 聞き手の価値観に訴える効果

顧客ストーリー
- 複雑な製品やサービスに
- 劇的な顧客体験に
- スタートアップの価値を伝える効果

業界ストーリー
- 破壊的な製品やサービスに
- 豊富な知見と大きなビジネス機会を伝える効果

成長ストーリー
- トラクションのあるスタートアップに
- 成功に向かっている実感を伝える効果

4
デザイン

ストーリーについての前章は、ピッチの内容についてのものでした。デザインはそのストーリーを届けやすくする道具です。

ピッチ資料の出来栄えは、スタートアップの優れた点を明確に、魅力的に、即時に伝えることで決まります。ピッチ資料は視覚的な媒体として、ビジュアルシンキングを活用し、情報を整理し、解釈し、空間的に提示することで膨大な情報を聞き手に吸収しやすく、意味のある状態にする役目を持ちます。ビジュアルシンキングは脳の創造的な部分を活性化し、どんな複雑な概念でも直感的に一斉に受け取ることを可能にします。

この章では、ビジュアルシンキングのベスト・プラクティスを取り入れ、デザインの大家であるナンシー・デュアルテやダン・ローム、スコット・マクラウドの力を借り、生きたピッチ資料をつくるための一連の手法やツールをご紹介します。

鍵となる要素

- レイアウト
- フォント
- 配色
- 図／写真
- グラフ

これって大事なの？

「投資家ってフォントや色づかいも見てるんですか？」と何人もの起業家に聞かれます。
「必ず見られています」というのが答えですが、その理由を見ていきましょう。

❶**投資家は非常に忙しい人たちです。** 年間数百から数千のピッチを見ています。
❷**目の方が頭よりも素早く判断します。** 視覚は五感の中でもっとも速く反応し、色や形、スタイルの小さな違いによって、劇的に理解度や印象を変えることがあります。
❸**デザインは明確さを高めます。** 優れたイラストは理解を促進します。優れたデザインはあなたの考えを容易に効果的に伝えます。
❹**ゴミを渡すことは相手に失礼です。** 大事なものであることを伝え、読むのに値するものだと思ってもらいましょう。

Don't（良くない例）

・項目間が無関係
・余白がバラバラ

The state of enterprise mobile

- ☐ Mobile technology landscape is confusing and constantly changing
- ☐ Lines of business hiring mobile development shops to build apps outside of the IT department
- ☐ Enterprise IT not in control of the mobile architectural decisions
- ☐ Data and app security issues complicate the development of mobile apps
- ☐ Large enterprise systems having to spend years developing an API layer to fuel mobile initiatives
- ☐ More complex mobile apps must communicate with the enterprise system of record
- ☐ Customers, employees, and business are demanding more mobile apps
- ☐ Building mobile enterprise apps is too expensive and lengthy

Do(良い例)

- 箇条書きなし
- ビジュアルなデータ
- 一貫した配色

4 デザイン

視覚化された情報というのは、
どこか魔法のようなところがある。
努力しなくても文字通り浸み込んでくる。
しかも情報があふれた時代では、
美しい図やグラフが現れるとほっとする。
まるでジャングルから原っぱに出たような感覚だ。

データ・ジャーナリスト、インフォメーション・デザイナー
デイビッド・マキャンドレス

レイアウト

　デザインでもっとも大切なことは、それぞれの要素間の位置関係や配置にあるといってもいいでしょう。グリッドを使うことで、位置が整い、統一感を出すことが容易になります。

　ナンシー・デュアルテの著書『スライドロジー』（熊谷小百合訳、ビー・エヌ・エヌ新社刊）では、グリッドを紹介しています。格子状の線やいくつかの四角形を使うことで落ち着いた構造を演出することができます。線を基準に、内容を整理する役割を果たします。本書で紹介するスライドにも使われているグリッドの例を紹介しておきます。

　ピッチ資料を作成する時に、グリッドをスライドに重ね、中身を配置します。配置が終わったら、グリッドは消しますが、予備のスライドには1枚だけ、最初か最後に残しておきましょう。全ページに同じパターンを使う必要はありませんが、例外的なスライドをつくる際のみ意識的に行います。

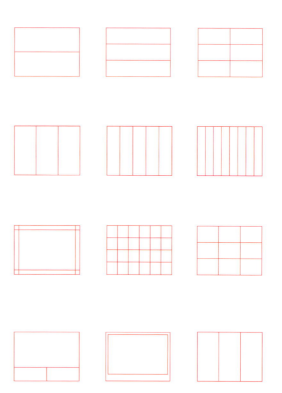

フォント

フォントについてはセリフのことだけ知っておきましょう。セリフとはフォントによっては文字の端についている「ウロコ」のことです。天井と壁をつなぐ「廻り縁」のようだとあるデザイナーは言います。大昔、文字を岩に刻んでいた時代、彫刻家たちは文字の末端を鋭く整えるために、こうした細工をしていました。そのセリフが存在するフォントをセリフ体、セリフのないフォントをサンセリフ体と呼びます。

多くのデザイナーは1つの作品に2つのフォントを使います。1つはタイトルや見出しに、もう1つは本文に使います。セリフ体のフォント1つをどちらかに用い、サンセリフ体のフォントをもう一方に1種類用いることでほどよいコントラストを生みます。2つのグループからそれぞれお気に入りのフォントを2〜3種類ずつ決めておき、スライドづくりのデフォルトにすることをお勧めします。タイトルや見出しに1つのフォント、本文に1つのフォントです。それ以上のフォントを用いることはほとんどありません。フォントもデザイン同様、感じるものであって、目立つべきものではないのです。全体の雰囲気にフォントも倣うようにしましょう。文字も十分に大きくします。画面の大きさを測った上で、画面から数歩下がり、読めるかどうか確認することをデュアルテは推奨しています。

配色

　色の基本になるのはヒュー（純色）です。右図のカラーバーにある色がどれも「赤」や「青」と呼ばれているのは、そのヒューを指しているのです。

　小学校で習ったかもしれませんが、赤、オレンジ、黄色、緑、青、紫という6つのヒューがあります。たった6つの色しかないのに、世の中にさまざまな色が存在するのはなぜでしょう？白を加えてティントカラー（明清色）を、黒を加えてシェードカラー（暗清色）をつくり出すことができます。たった2つの操作で、素敵でかつやっかいなほどの色のバリエーションを生むことが可能なのです。

カラーパレットを決める場合には、多様性ではなく一貫性、もしくは対比を軸に考えます。あまりに類似した色を使ったデザインは、見る人を迷わせます。また感覚に頼らず、RGBの数字をしっかり見ましょう。プレゼンの冒頭にカラーパレットのスライドをつくり、一貫性を保つのも有効です。

　資料に使うカラーパレットには3つの基本色に加えて、ニュートラルカラー（訳注：白・黒・灰色の無彩色）とハイライトカラーが含まれているとよいでしょう。聞き手に与えたい印象やイメージ、伝えたい思いに近い色を自問自答し、内容やロゴと調和するものに絞り込みます。

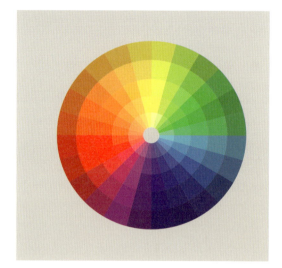

カラーパレットをハックする

color.adobe.comにアクセスしてみてください。ユーザー登録をし、カメラアイコンをクリックし、企業ロゴをアップロードします。まだロゴをつくっていないようなら、業界を代表するような写真をかき集め、コラージュを作成し、1つの画像としてアップロードしてみてください。画像から自動的にカラーパレットを分析し、表示してくれます。カラーパレットのそれぞれの色を選び、RGBの値をコピーし、プレゼン資料の予備スライドに貼り付けると……とても簡単にカラーパレットをつくることができるはずです。

イラストと写真

ピッチ資料のデザインを改善するには、わかりやすい写真を使うのが良いです。背景などスライドの一部に使ったり、あるいは全面写真にして文字のないスライドをつくったりするのも効果的です。以下に効果的に写真を活用するポイントをいくつかご紹介します。

三分割法

腕のいい写真家、画家、グラフィックデザイナーはこの三分割法を魔法のように使います。私たちの脳はなぜか、対象が4つの"交差点"にあると強いエネルギーを感じるようにできています。この交差点は写真を縦横にそれぞれ三分割し、その線が交差する点です。

構図の種類

エスタブリッシング・ショット（状況設定ショット） ある環境や場所を受け手に紹介する時に写真家やカメラマンが使う手法です。このショットでは、全体としてその場所の感覚を与えることによってその場面に見る者を導きます。スタートアップやその業界にとって重要な場所を紹介したい時に、このエスタブリッシング・ショットを使います。

ミディアム・ショット　普段私たちが身の回りを見ている視野に近いのがミディアム・ショットです。人を撮る場合、ミディアム・ショットは体の全部もしくは大半を視野に収めます。ミディアム・ショットは特定の動作を伝えるのにとても適しています。ある作業が行われている状態を見せる時には、このショットを選びます。

アップ　アップは強さを表します。被写体やシーンのある1点をハイライトし、感情や製品の機能、品質を際立たせます。アップにすることで親密さを伝え、臨場感を出すこともできます。

はみ出し　枠の外にまではみ出した写真のことです。カメラのフレームから被写体がはみ出すように撮ったり、画面からはみ出すように写真を切り抜いたりします。作品と受け手の間に存在すると言われる「第四の壁」を取り除く効果を狙ってアーティストはこの手法を活用します。

中心の使い方

読者は中心に置かれたものに重要性を感じます。それだけでなく、動きを見せたり、不思議なバランスを示したり、越えるべき課題の距離感を伝えたり、達成したことの難易度を見せたり、見落としがちな事柄を明示するのに使うと効果的です。

ストックフォト

100万ドル調達するなら、100万ドルっぽい写真を使いましょう。ストックフォトを利用する際には、経験則として、普段起こり得ない状況の写真は使わない方がよいです。粗悪な写真は見る人を混乱させます。予算があるならプロに依頼して、製品や顧客等の特徴をしっかりと写真やCGに収めてはどうでしょう。予算がないなら以下の方法で安くて良い写真を入手することができます。

- **無料**　グーグルの画像検索で、検索ツールのフィルター機能を使い「クリエイティブコモンズ」の写真を検索します。このように自分の写真以外をつかう場合には、必ず写真の帰属を1行加えておきましょう。これは単純に、スライドの右下あたりに「ⓒCopyright ［所有者名］」と小さな文字で書いておくことです。UnsplashやDeath to the Stock Photo といったサイトは無料ながら高品位の写真を提供しています。
- **格安**　StocksyやCreative Marketでは10ドルからという格安価格でストックフォトが手に入ります。

解像度

解像度の低い写真は粗悪なストックフォトと同じくらい良くありません。全画面で使う場合には1024 x 768 以上の解像度にします。

背景写真

存在感のある写真を背景に使う場合は、透明度を上げ、背景に馴染ませます。また文字の周辺に影をつけるなどして、テキストが目立つようにします。

グラフ

データを視覚化し、グラフにすることはビジュアルなストーリーテリングのようなものです。データとその背景、さらにはその意味に関する旅です。「スライドロジー」の中でデュアルテはデータの視覚化についての原則を述べています。その原則を参考にした3つのポイントを紹介します。

大事なことをハイライト

重要なデータとそこから導きたい結論を強調します。色を変えたり、拡大したり、矢印を用いたりします。

コンテキストを示す

周辺情報を加え、数字の意味を伝える方法を考えます。全体の何％なのか？身近な統計値と比較すると？

シンプルなままに留める

3秒でデータを伝え、理解してもらうことを目指してください。同時に多くのことを伝えようとしているなら、2枚のスライドに分けます。シンプルさや余白を恐れる必要はありません。

> スライドが伝えるべきは、
> データそのものではなく、
> データの意味です。
>
> 『スライドロジー』著者
> **ナンシー・デュアルテ**

ダン・ロームによる5つの見せ方

ダン・ロームの著書『描いて売り込め！超ビジュアルシンキング』（小川敏子訳、講談社刊）や『Blah Blah Blah（邦訳なし）』には、情報の視覚化を5つの基本形にまとめています。まるで1つの文が複数の単語で構成されているように、1つのストーリー内の構成を考え、図やグラフを用います。箇条書きには別れを告げ、新しい見せ方をしていきましょう。Reaction Inc.のスライドを例に、それぞれの見せ方について説明します。

1. ポートレート

人もしくは場所や物を視覚的に表現

ビジュアルシンキングの「**名詞**」

▶顧客や解決策を見せるのに効果的

2. 地図

位置を示す

ビジュアルシンキングの「**前置詞**」「**接続詞**」

▶競合を見せるのに効果的

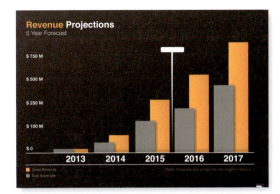

3. グラフ

数を示す

ビジュアルシンキングの「**形容詞**」

▶市場規模、売上、マーケティングを見せるのに効果的

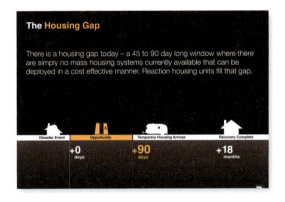

4. タイムライン

出来事のタイミングを示す

ビジュアルシンキングの「**時制**」

▶マイルストーンを見せるのに効果的

5. フローチャート

出来事の仕組みを見せる。地図とタイムラインの組み合わせ

ビジュアルシンキングの「**複合動詞**」

▶解決策を見せるのに効果的

5 テキスト

この章はスライド資料の文字に関するものです。何を書くべきか、どこにあるべきか、状況や聞き手に応じてどう変えるべきかについて解説します。文体や「態」にも気を配れば、ブランドイメージに沿ったスライド資料をつくることができます。資料のテキストにはもう1つ役割があります。それは、疑いを取り除き、行動を促すためのデータや根拠を示すことです。

（訳注：「態」とは、受動態、能動態など動作や行為をどの視点から語るかを示すもの。たとえば「資金を調達した」「資金が提供された」の違い）

重要な要素

- スタイル（文体）
- 語調や態
- 体裁
- 言葉では不十分な時

スタイル（文体）

コミュニケーション手段にはスタイルがついて回ります。ラブレターはインターネットのキャッチコピーとも契約書ともの書き方が違います。ピッチ資料にも独特のスタイルがありますが、聞き手や場所、時間、あるいはどのように資料を見るのかによって、そのスタイルは変わります。

プレゼン用資料のスタイル

プレゼンの補助として使う場合、文字は少なめになります。スライド1枚あたり1文で十分です。また、完全な文章である必要はなく、1つの単語や文節でも構いません。アイデアを伝えるには、単語や熟語、フレーズで十分なことも多いでしょう。閲覧用資料をすでに作成しているなら、見出し以外の文字を省くつもりで見直してみてください。

閲覧用資料のスタイル

相手に読んでもらいたい資料には、口頭で添えるような言葉も表現する必要があります。すばやく関心を引き、メッセージを伝え、そのメッセージを根拠で支え、次のページへと読み進めてもらう必要があります。響きが良いものの、あまり意味を持たないような文章に気をつけましょう。「効果的なマーケティング戦略を実行する予定です。」といった文章は無駄です。もしマーケティング戦略のスライドを作成するなら、スライドの角に「マーケティング戦略」と書き、15ワード以下の文章でその戦略を記述します。マーケティングに2つ以上のフェーズがあるなら、各フェーズを代表する見出しをつけ、その下に端的な説明を加えます。閲覧用資料は斜め読みされると思った方がいいでしょう。たとえ読む時間が15秒しかなくても、おおよその内容がわかるようにします。

ジョージ・オーウェルが提唱したライティングの規則

『動物農場』や『1984』で有名なジョージ・オーウェルは「政治と英語（Politics and the English Language）」（1946年）というエッセイで悪文を書かないための「規則」を紹介しています。この6つの規則をバイブルのように大切にするだけで物書きとして上達することができます。

1 | 印刷物で見慣れた暗喩や直喩、その他の比喩を使ってはならない

2 | 短い言葉で用が足りる時に、長い言葉を使ってはならない

3 | ある言葉を削れるのであれば、常に削るべきである

4 | 能動態を使える時に、受動態を使ってはならない

5 | 相当する日常的な英語（国語）が思い付く時に、外国語や学術用語、専門用語を使ってはならない

6 | あからさまに野蛮な文章を書くぐらいなら、これらの規則のどれでも破った方がいい

語調や態

　語調や態はスライド資料の「性格」を表すことになります。あなたがつくった資料をアマゾンがオーディオブックとして出版するなら誰が読むことになるでしょう？ジェームズ・アール・ジョーンズ（訳注：映画『スター・ウォーズ』シリーズのダースベイダーの声を担当）でしょうか？それともティナ・フェイ（訳注：著名な女性コメディアン・脚本家）かジャスティン・ティンバーレイクですか？資料を読む人にはどんな気分になってもらいたいですか？笑顔で読んでもらいたいですか？それとも眉間に皺を寄せて集中したり、熱く共感したりしてほしいですか？用いる語調や態によって読み手にさまざまな体験を提供することができるのです。

言葉の選び方

　語調や態を確立するには、言葉の選び方から考えます。形式的なのかくだけたものなのか、どちらでしょう？〜ションで終わる単語（エクセキューション、コミュニケーション等）を数多く使っていますか？スラングを使いますか？

構文

　この本の構文を改めて見てください。なるべく短くシンプルな文章にし、同時に1つの事柄だけを伝えるようにしています（訳注：日本語訳も負けないようにしています）。時折ダッシュを使っています──この例のように──あるいは、読点を使って会話調にしています。

メタファーと心像

　文字を読んだ時に人が思い浮かべるイメージはどのようなものでしょう？軍事的メタファー（「橋頭堡を確保する」）と有機的メタファー（「市場に種を植えて育てる」）のどちらがふさわしいでしょうか？

体裁

　前のページで目を引いたのは、おそらく「語調や態」という大きな文字なのではないでしょうか。そのページが語調や態に関するものだということは、テキストの配置によって伝えているのです。「言葉の選び方」は「語調や態」に関することであり、その一部であることも理解していただけたのではないかと思います。それは、「言葉の選び方」という文字が太字であることや、単独で1行になっていることや、フォントサイズが本文より大きく、「語調や態」よりも小さいことから感じ取っているからです。テキストの体裁からそこまでのことがわかります。

　ページ、段落、文に置かれたテキストのデザインやレイアウトが体裁を決めます。プレゼン用資料と閲覧用資料では体裁が若干異なることになるはずです。

閲覧用資料の一般的な体裁

- スライド上部の3分の1の領域で読み手の関心をとらえます。タイトルや短いコピーを使い、スライドの内容を3秒以内で伝えるよう工夫します
- 閲覧用資料には多くの場合3つの要素があります。1つはタイトル、2つ目はスライドのメッセージを伝える短い文かフレーズ、3つ目は内容や根拠を説明する1〜3文の段落です
- 効率的な表現はここでも重要です。なるべく言葉を少なくします
- 「劇画風」を心がけましょう

プレゼン資料の一般的な体裁

- 文字は少なければ少ないほど良いです。最大10ワード（訳注：日本語では20〜25文字）を目標にします。ゼロでも大丈夫です
- スライドに含めるかどうか迷うようなものがある場合には、部屋の後ろにいるお年寄りになったつもりで考えてみましょう
- 閲覧用資料が先にあり、その後プレゼン用資料をつくるなら、タイトル以外の文字を消すつもりで始めます
- 「スティーブ・ジョブズ」を心がけましょう

言葉だけでは不十分な時

　ウォルト・ディズニーは、動物と接近できるような乗り物をつくりたいという夢を持っていました。まるでサファリのように生きた象やキリンを、毛並みがわかるほど接近できる体験をつくり出したかったのです。実際には技術面や安全面の問題がありすぎて、例の電気仕掛けの動物にせざるを得なくなりました。それから半世紀後、現在ディズニーのCEOとなったマイケル・アイスナーはあのテーマパーク、アニマル・キングダムの最終企画会議に参加していました。そう、ウォルトの夢が実現しそうになっていたのです。しかし、アイスナーは重要性がわかっていませんでした──なぜそこまでして動物が生きていないといけないのでしょう。

　プロジェクトの構想をリードしていたジョー・ロードはディズニー社の幹部に最終ピッチをします。「動物が動物であること自体に懐疑的な方がいることはわかっています」と話し始めました。

　「アニマル・キングダムの中心は動物であり、お客様が動物たちと触れ合うことです。これまでにない形で動物たちがお客さんと触れ合えるようなディスプレーができるように相当な努力を重ねてきました」

　そこでドアが開き、180キロはするベンガル虎が部屋に入ってきました。ロードは何事もなかったようにプレゼンを続け、虎は会議室を歩き回り、役員らの匂いを嗅ぎまわります。

それ以上は議論の余地がありません。

　証拠があったとしても、その証拠が聞き手に訴えるとは限りません。証拠が聞き手にリアリティを持って届ける工夫をしないといけないのです。

　例えば、Freight Farms という輸送用のコンテナを自動化された水耕栽培工場にする農業スタートアップは、投資家に資金の依頼をする前に必ず実際のコンテナを中まで見せています。発展途上国に高効率のストーブを提供するParadigmというソーシャルスタートアップの場合には、薪木の束を見せています──発展途上国の女性がいつも何キロも運んでいるのと同じ大きさの束を見せ、投資家にも担ぐことができるかどうか試してもらうのです。実際、多くの方は担ぐことができません。

　聞き手の内臓にまで届くようなことをするには何をしたらいいでしょうか？あなたのチャレンジの意義を感じ、自ら行動を起こしたくなるには何が必要ですか？投資家になったつもりでページをめくってみましょう。

National Geographic/gettyimages

もう、わかりましたね。

どこから始めるか

1. 10個の枠を描き、
それぞれにスライドの名前を書き込む

ホワイトボードか大きめの紙を10個の四角に区切り、それぞれの枠を1つのスライドに見立てます。枠の上部にスライドのタイトルを書き込みましょう。次に、文字や絵を使ってストーリーの筋を大まかに書きます。下の写真は本書執筆に先駆けた初期のアウトラインです。

2. 大事なコンセプトをツイートする

10個の枠をツイッター風に端的に記述できるようにします。もちろん視覚的にスライドの内容を伝えるのもいいです。

3. スタートアップに関する
ストーリーとして、もっとも訴求する
ストーリーは何かを自問する

スライド資料の基本線にストーリーを添えて、スライドの順序を整えましょう。そのストーリーを冒頭で「つかみ」として使っても、最後に向かって盛り上げるために使ってもいいです。

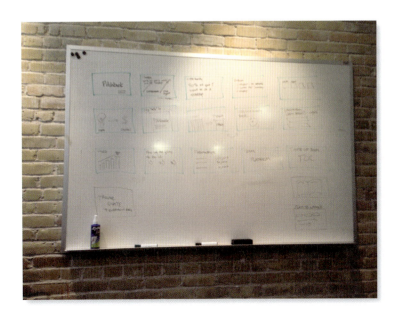

スライド資料の送り方

　添付資料として送るファイル形式や印刷する時の紙質といったことはほんの些細なことだと感じるかもしれませんが、そうでもありません。どのような形式でファイルを送るかによって、第一印象は変わります。相当な時間をかけて資料をつくるのですから、ファイルが開けなかったり、みすぼらしいホッチキス止めにしたりして台無しにしないようにしましょう。

印刷資料について

きちんと綴じる　リング綴じは高価ですが一番いいでしょう。しかし、リング綴じをしてくれる店舗を探すのは大変かもしれません。らせん型のスパイラル綴じでもよいです。プラスチックのリング製本もいいですが、バラバラになりやすいです。わからなかったら、近くの印刷業者に相談しましょう。ホッチキス止めは避けましょう。

いい紙質　105 g/㎡や120g/㎡の用紙を使います。81g/㎡や90g/㎡の用紙はチープな感触があるのと、紙で指を切りやすくなります。

1枚ペラ　1枚ペラをつくる際には資料のすべての要素を1ページに収めます。

デジタル資料について

キーノートではなくPDFで　ワードやキーノート、パワーポイント形式ではなく、PDFに変換します。編集可能な形式はファイルサイズが大きく、環境によっては開けなかったり、見た目が崩れたりします。

アクセス制御　資料のコピー防止は容易ではありません。PDFにパスワードをかけるのは1つの方法です。docsend.com（添付資料版Google Analytics）も便利です。誰が資料をどのくらいの時間をかけて読んだのかもわかります。

更新とバージョン管理　メールに添付するのではなく、Dropboxからリンクを共有する方法を検討してみてはどうでしょうか。更新しながら、そのファイルをDropboxに入れておくことで、投資家は最新版を見ることができます。新しいバージョンをつくる際には古いバージョンのものを別のフォルダに保管し、履歴も管理します。

6 実際のピッチ資料

これからご紹介するのは、一般にベンチャーキャピタリストや投資家しか見ることのできないもの——資金調達に成功した15社のピッチ資料の抜粋や資本戦略です。この章では、調達総額が優に1億ドルを超えるさまざまな業界、ステージ、地域の15のスタートアップを眺めていきます。

この章をつくるかどうかは相当議論しました。投資家に見せた資料を、他の人に見せるなんて神経が何とかなりそうです。しかし今回紹介する起業家は、恩返しの気持ちから普段は絶対に見せることのない資料を公開してくれました。起業家仲間に対する彼らの思いと貢献には深く感謝しています。

ここで紹介するものを見てわかる通り、資金調達が成功する魔法のテンプレートはありません。ですが、いくつかのパターンと原則は存在します。創業者たちのコメントやアドバイスもありますが、スライドが物語ることは多いはずです。

ドラムロールをお願いします……資金調達をやり切った15社の戦略とスライドです。

Able Lending

小規模企業への低金利ローン

創業チーム：エヴァン・ベアー、ウィル・デイヴィス

所在地：テキサス州オースチン

調達ラウンド：シリーズA

業界：ファイナンス、銀行

　Able Lendingはフォーチュン500万——アメリカの2/3の雇用を生んでいながら、資金調達コストが負担になっている500万社——に対する資金提供方法をエンジニア、数学者、デザイナー、コンサルタントが一緒になってつくった会社です。要点をついたビジュアルを使った、キレイで、シンプルなピッチ資料です。文字は比較的多く、Able Lending社のしくみを説明するためにスライドの1/3を使っています。この構造と少し長めのタイトルとが組み合わさり、手短にスライドの内容を伝えると同時に詳しくも読めるようになっています。

起業家がやってしまいがちな間違い

「起業家のピッチ資料は一般にヒドいものです。お金が必要になってから初めて投資家に会おうとします。緊張があって、投資家とのラポールを築くのに失敗します」

アドバイス

「ピッチ資料は早めにつくって、ビジネスモデルを改善するために使うといいですよ」

やり直すなら

「よく反論される点に早いうちに触れるようにすればよかったです。ピッチをすると資料そっちのけでホワイトボードに4つのグラフを描くことが多かったので、その4つのグラフを資料の導入部に使うべきでした」

投資家が注目したスライド

「減価償却スライドです。若干技術的すぎますが、ビジネスモデルの中核です」

ミーティング
投資家とのミーティング回数

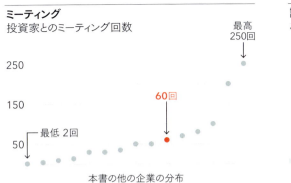

最高 250回
60回
最低 2回
本書の他の企業の分布

調達金額
この投資家向けピッチ資料で調達した資本金

600万ドル
本書の他の企業の分布

6 実際のピッチ資料

タイミング
1年8カ月

ピッチ資料作成 2013年12月
アイデア着想 2013年11月
法人設立 2014年8月
調達開始 2015年5月
調達ラウンド完了 2015年6月

出資者

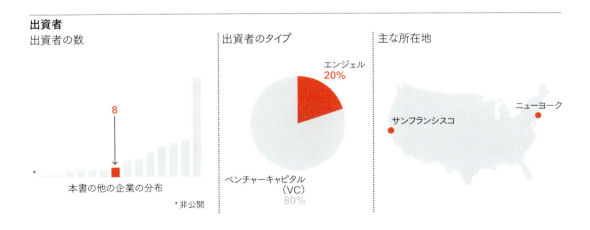

出資者の数: 8
*非公開
本書の他の企業の分布

出資者のタイプ
エンジェル 20%
ベンチャーキャピタル（VC） 80%

主な所在地
サンフランシスコ
ニューヨーク

091

表紙

フォーチュン500万の資金源

問題（小規模企業側の）

Small business want credit, can't get it

5,700,000: number of small businesses in the United States (SMBs):
- create **65%** of all jobs in US
- employ **50%** of workforce

75% of "fortune five million" is not even applying for (or has applied and cannot get) the credit they desire

Banks have abandoned SMBs:
- bank consolidation eroded community banks (14,000 down to 7,000 in last 20 years), acquisition costs very high
- regulatory overhang powerful

Result?
- **SMBs are dying—this year we'll lose 75,000 SMBs.** In only 6 of last 40 years have more SMBs been destroyed than created—each year since 2008.
- Going concern **SMBs are not growing**: 42% wanted to expand but couldn't. 18% couldn't hire, 16% couldn't complete existing orders
- in this environment, **big, old companies win**

小規模企業は信用を得るのが大変

問題（貸し手の）

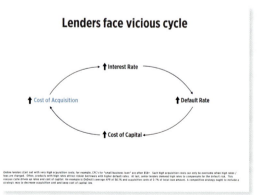

貸し手は厳しい循環に直面

競合

Able = Network Lending to SMB

	Consumer	SMB	
Network	Vouch	able	1:5 relationship 1 borrower, 5+ backers
Traditional	LendingClub	OnDeck	1:1 relationship

Able ＝ 中小企業向けのネットワーク型ローン

独自の価値提案

消費型シェアではなく生産型シェアを提供

解決策

Ableは友人と親戚のネットワークです

ケーススタディ

機能

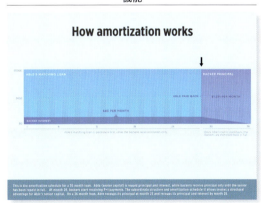

減価償却のしくみ

6 実際のピッチ資料

Beacon

飛び放題の定額航空機
（会員制プライベートジェット）

創業チーム：ウェイド・エバーリー、コーリー・コゼンズ、リード・ファーンズウォース、ライアン・モーリー

所在地：ニューヨーク市

調達ラウンド：シリーズA

業界：旅行

　創業チームの4人のうち、3人は初の航空機定額サービス会社Surf Airを創業したメンバーでした。Surf Airの初期の8800万ドルの調達をしたのも彼らです。彼らのピッチ資料は、適切な情報をシンプルに効果的に伝えることに成功しています。

起業家がやってしまいがちな間違い

「資金調達の成功を起業家としての成功だと勘違いしがちです。ビジネスをつくる必要があります。ビジネスをつくることで、自然と調達にも良い影響を与え、数値面でも伝えられる内容が得られます。しかし、どのような数字であっても投資家が投資をする決め手にはなりません。実際にはストーリーを語る必要があります。とても大きなことを手がけていて、その解決ができることを伝えられるストーリーを語るのです」

アドバイス

「自分の得意なことを知り、実行しましょう。不得意なことを知り、正直になりましょう。失敗やチームの弱みをごまかさない方がいいです。投資家はチャレンジし、うまくいかなかったことをあまり気にしていません。チームの欠点もあまり気にしません。ですが、その弱点を把握しているかどうかはとても気にします。すべてを知っているかのような姿勢でいると、将来起こるであろう問題に不意打ちを食らうはずです」

やり直すなら

「資料をつくる時間を減らすと思います。資料をつくることは、起業家にとってストーリーや戦略を整理するために大切なことですが、ピッチ資料が投資対象というわけではありませんから」

投資家が注目したスライド

「投資家がスライドを見たかどうかすら、よくわかりません。私はミーティング前にメールに添付して、会った時は開くことはありません。書いてあることはすべて把握しているので、会話をするだけです。資料づくりの際に想定した質問に答えるのではなく、実際の質問に答えます」

ミーティング
投資家とのミーティング回数

調達金額
この投資家向けピッチ資料で調達した資本金

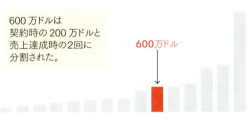

600万ドルは契約時の200万ドルと売上達成時の2回に分割された。

6 実際のピッチ資料

タイミング
8年3カ月

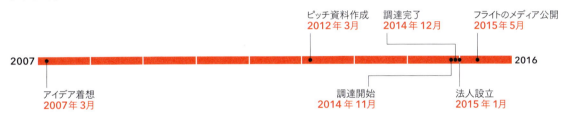

出資者

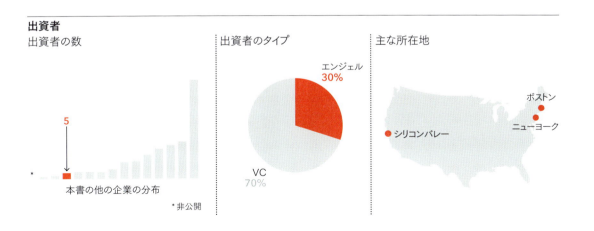

095

表紙

会費制飛び放題サービス

製品

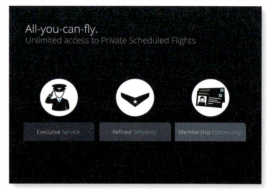

飛び放題　プライベートジェットを使い放題

チーム

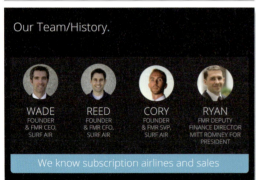

チームと経歴

財務

単位経済性（安定期における1市場）

タイムライン

顧客獲得戦略

販売戦略

地理的成長戦略

拡張計画

調達資金の使途

550万ドル調達予定

6 実際のピッチ資料

Connect

グローバルなメッセージング プラットフォーム

創業チーム：ライアン・アリス、ケーン・コンティ、アニマ・サラ・ラボイ、ザッチャリー・メラメッド
所在地：カリフォルニア州サンフランシスコ
調達ラウンド：シリーズA
業界：モバイル、メッセージング

　Connectはライアン・アリスの2つ目のスタートアップです。彼は起業したiContactを従業員300人、売上5000万ドルにまで成長させ、2012年に売却しました。ライアンは人脈を大切にし、もっとも人脈の広い起業家の一人でもあります。Connectは資金調達する前に事業を立ち上げることを重視していたため、そのトラクションが資料にも特徴として表れています。

起業家がやってしまいがちな間違い

「早くから多くの資金を調達しすぎること。最近は、価値提案の検証ができる前から1,000万ドル以上も調達する会社がありますが、そうすると毎月の経費がかさみ、余計に調達が必要になります。また、起業家は事業環境をじっくりと理解していないことが多いです。業界の歴史を理解せずに新しいビジネスをつくろうとしても、投資家に基本調査もできていないと評価されます」

アドバイス

「何か手応えが得られるまではコストを抑え、調達額を5万ドル以下に抑えましょう。月間1万ドル程度のリピートの売上もしくはアクティブユーザーが毎日1万人を超えるまでは、外部から資金を調達しない方がいいです。プロダクト・マーケット・フィット（訳注：市場が求めているものがわかり、その製品が提供できることがそれと一致している状態）が得られるまでは、副業としてコンサルティングやフリーランスの仕事をやったり、バリスタとしてアルバイトしたり、本業を続けながらコストを極限まで下げるのがいいでしょう。プロダクト・マーケット・フィットに到達してから、加速させればいいのです」

やり直すなら

「外部資金の調達をもう少し待ってもよかったかもしれません。シリーズAの調達を行った時に150万ユーザーがいました。しかし、真のプロダクト・マーケット・フィットまでにはいくつかのリスクが残っていました。後知恵ですが、顧客のリテンション（既存顧客の維持）が完璧になるまではマーケティングと広告に投資をしなくてもよかったと思います」

投資家が注目したスライド

「『月次のアクティブ・ユーザー推移』と『トータル利用推移』」

ミーティング
投資家とのミーティング回数

調達金額
この投資家向けピッチ資料で調達した資本金

タイミング
2年2カ月

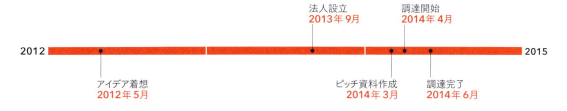

出資者

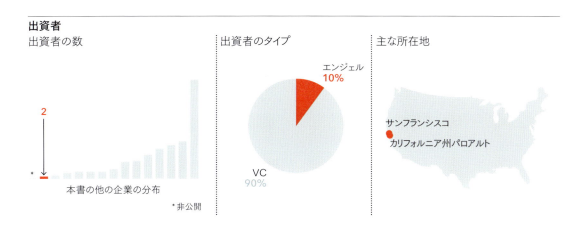

6 実際のピッチ資料

表紙

投資家向け資料

トラクション

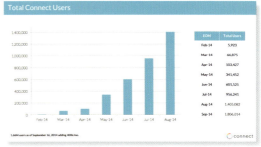

全ユーザー数

独自の価値提案

私たちの違い

解決策

人とつながる新しい手段

競合

類似アプリのエコシステム

チーム

経営チーム

マイルストーン

当社のマイルストーン

メディア

メディア露出

Contactually

Contactuallyは専門職が持つ信頼関係を成果につなげます

創業チーム	：ズビ・バンド、ジェフ・カルボネラ、トニー・カッペート
所在地	：ワシントンDC
調達ラウンド	：シードラウンド
業界	：営業支援、CRM

　Contactuallyは重要人物とのオンラインのやりとりを統合して管理するCRMソフトウェアです。ズビ・バンドとジェフ・カルボネラによって創業されたContactuallyは、500Startupsによる支援を受けたことでまず加速しました。その初速に乗り、2回の調達で300万ドルの調達に成功しています。資料は端的で理解しやすい言葉と図表で構成されています。

起業家がやってしまいがちな間違い

「全員にピッチする必要はありません。戦略的に関心を持ちそうな投資家にだけ集中した方がいいです。次のステップや出資可否について、明確な答えを求めることを恐れる必要はありません」

アドバイス

「楽しみましょう。資金調達を含め、会社のすべてが楽しくあるべきです。嫌だったり、深刻に感じたりするならやり方を変えましょう」

やり直すなら

「もっとストーリーに集中すると思います。VCにピッチするデータや内容を綿密に詰めるのに時間をかけすぎました。私たちがつくったものや描いている未来像についてストーリーとして伝えるための時間はあまりかけませんでした」

投資家が注目したスライド

「製品、市場、競合」

ミーティング
投資家とのミーティング回数

80 回

本書の他の企業の分布

調達金額
この投資家向けピッチ資料で調達した資本金

300万ドル
（2ラウンドにわたって）

本書の他の企業の分布

タイミング
1年1カ月

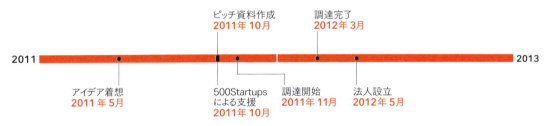

ピッチ資料作成
2011年10月

調達完了
2012年3月

アイデア着想
2011年5月

500Startups
による支援
2011年10月

調達開始
2011年11月

法人設立
2012年5月

出資者
出資者の数

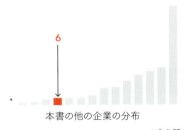

6

本書の他の企業の分布

＊非公開

出資者のタイプ

アクセラレーター
5%

エンジェル
10%

VC
85%

主な所在地

ボストン
ワシントンDC
カリフォルニア州
ドイツ、ベルリン

6 実際のピッチ資料

表紙

関係性マーケティングのプラットフォーム

概要

Contactuallyは築き上げたネットワークからビジネスを生み出す関係性マーケティングプラットフォームです

投資ハイライト

Contactuallyの概要

機能

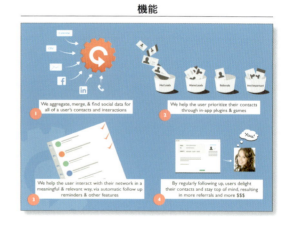

トラクション

Contactuallyはクセになります（ユーザーがそれが大好きです）

競合

私たちは競合やパートナーに対して独自の位置づけにあります

顧客獲得戦略

4つのチャネルからトライアルユーザーを獲得

調達資金の使途

We're raising a $5M Series A with three goals

1. **Ramp up sales**: Scale inside sales team and develop outbound sales practice
2. **Optimize the platform for scale & ROI**: Improve performance & deliver value, esp for teams
3. **Emphasize thought leadership**: Drive lead gen via content marketing and partnerships

3つの目標達成のためシリーズAで500万ドルを調達します

DocSend

添付資料の行方が送った後もわかります

創業チーム：ラス・ヘドルストン、デイブ・コスロー、トニー・カサネゴ
所在地：カリフォルニア州サンフランシスコ
調達ラウンド：シードラウンド
業界：ソフトウェア

　スタンフォード大学でコンピュータ・サイエンスを修め、フェイスブックやドロップボックスでの経験を経て、ラス・ヘドルストン、トニー・カサネゴ、デイブ・コスローの3人はDocSendを設立し、添付資料が送付された後に何が起きているのかをトラッキングするサービスを立ち上げました。このサービスはピッチ資料を送っている仲間同士でもヒットしています。DocSendのピッチ資料は文字が多く、文字に視線を集めるよう地味な配色となっています。

起業家がやってしまいがちな間違い

「量ではなく質です。本当に会いたい投資家30人のリストをつくり、2週間で最低20人と会いましょう。2週間以上先に予定するといいでしょう。この20人から出資してもらえないなら、何かを変えるべきです」

アドバイス

「強みに集中。投資家にはあなたが他とは違うことをしっかりと示し、特別な話をしましょう。その違いは、潜在顧客との100件のインタビューでも、1万人のユーザー登録でも、10年におよぶ機械学習の経験でも大丈夫です」

やり直すなら

「このデザインはひどいです。最新の資料は何万倍もかっこよくなっています。またターゲットユーザーに関する情報が増えています」

投資家が注目したスライド

「チームのスライドが一番読まれていました。次は競合スライドです」

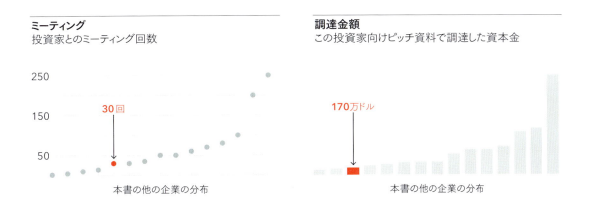

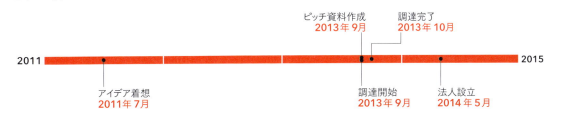

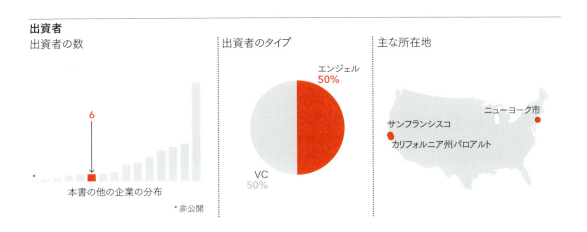

表紙

資料の共有を進化させる

チーム

概要

私たちについての例え

機能

DocSendがやることは？

問題

外部と資料共有する上での課題

ビジネスモデル
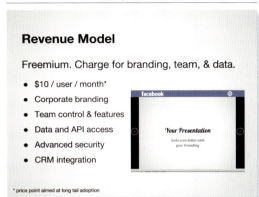
収益モデル

競合

競合との位置づけ

スクリーンショット

リアルタイム分析

First Opinion

365日24時間無料で医師に相談できる

創業チーム	マッケイ・トーマス、ジェイ・マルセイエス
所在地	カリフォルニア州サンフランシスコ
調達ラウンド	シードラウンド
業界	育児、健康、フィットケア、デジタルヘルス

　First Opinionは親、特に若い母親が子どもの健康状態を管理し、必要な時に医師とつなげるサービスです。創業者のマッケイ・トーマスは自分の子どもとの写真を資料に入れ、パーソナル感を出し、訴求しています。

起業家がやってしまいがちな間違い

「会社のピッチをするのではなく、信頼関係を築くことが大切です。私のアイデアに投資してくれた人とは何らかの良い思い出があります。それは偶然ではありません。資料はカバンに入れておき、目の前の人と友人関係を築きましょう。自分を覚えてもらうのに30分ありますが、その内容は資料に書かれてはいません。あなた自身のことです。シード期においては、あなた自身が会社を特徴づけているのですから。誰と会っても、そのように感じさせることがとても大切です」

アドバイス

「自分自身が、もっとも誠実で、思いやりのある、愛すべきキャラクターになりましょう。さらに、向こう10年にわたって忘れられないほどの情熱で話しましょう。この本には資料のことがたくさん書いてありますが、なるべく手はテーブルに置いて、iPadに置かないようにすることをお勧めします。スライドではなく、会っている人を見つめます。相手のことや自分の家族のことを話し、彼らの興味に触れましょう。彼らに、あなたの会社を盛り上げたくなるようにします。正直さ、自分らしさは大事です。取引ではなく友情を獲得するつもりで会えば、両方手に入れることができるでしょう」

やり直すなら

「ターゲット市場（新米ママ・パパ）とTAM（緊急医療・プライマリーケア）についての中身のあるデータを加えると思います。また、商品説明をもっと短くし、もっと感情に訴えるものにします」

投資家が注目したスライド

「『真ん中にある市場』というスライド（機会スライド）に、達成したいことが表現されていると同時に、これまで誰もできなかった理由が書いてあります。両側の市場規模を見ると、いかに大きな価値を生む可能性を秘めているかがわかるはずです」

ミーティング
投資家とのミーティング回数

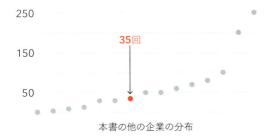

本書の他の企業の分布

調達金額
この投資家向けピッチ資料で調達した資本金

本書の他の企業の分布

6 実際のピッチ資料

タイミング
2年3カ月

出資者
出資者の数

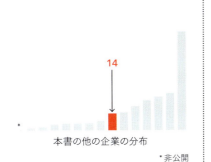

本書の他の企業の分布

*非公開

出資者のタイプ

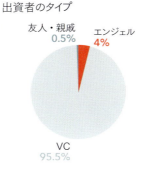

友人・親戚 0.5%
エンジェル 4%
VC 95.5%

主な所在地

シカゴ
サンフランシスコ
ブラジル サンパウロ

111

表紙

1st Opinion 行く前に知っておこう

チーム

問題

ママは健康と育児に関して3つの問題を抱えている

解決策

アプリが持つ2つの役割

機会

真ん中にある市場

顧客獲得戦略

戦略的な広告

顧客

市場をとらえる

調達資金の使途

Freight Farms

誰でもどこででも、
地元野菜をつくることを可能にする

創業チーム：ブラッド・マクナマラ、ジョナサン・フリードマン
所在地：マサチューセッツ州ボストン
調達ラウンド：シリーズA
業界：IoT、モバイルeコマース、農業

　ボストンは農業地帯ではありません。しかし、ブラッド・マクナマラとジョナサン・フリードマンという2人で創業したFreight Farmsは1年中誰でも農作物をつくることを可能にしています。資金調達する前に製品をつくり、販売したことにより、市場が存在することがわかっていました。キレイで明確な画像と短く端的なテキストによって、聞き手の関心を引きつけ、製品自体がメッセージを伝える効果を果たしています。

起業家がやってしまいがちな間違い

「私たちもやってしまったこと。つまり、メディアの話を聞き、自分たちが書いたものばかりを読み（もしくは何も書いていない）、聞くべき人たちの話を聞かない（私たちは避けることができたけれど）。究極的に達成したいことを見失ってしまうことが最大の間違いではないでしょうか。投資家に納得してもらうための細かい泥臭いことやビジネスモデルの設計をしていると、元の計画から逸れてしまいがちです。共同創業者と頻繁に情報共有し、冗談も交わしましょう。そういう意味では、良い創業チームをもつことがもっとも大切なアドバイスかもしれません」

アドバイス

「つくって、売ってから投資家を探すのがいいでしょう。実際にプロトタイプを売ることができるなら、それに越したことはありません」

やり直すなら

「何も変えないと思います。あの時点でうちの会社を表現するにはもっとも適切です」

投資家が注目したスライド

「一番議論を呼んだのは販売やビジネスモデル、顧客の経済的メリットのスライドです」

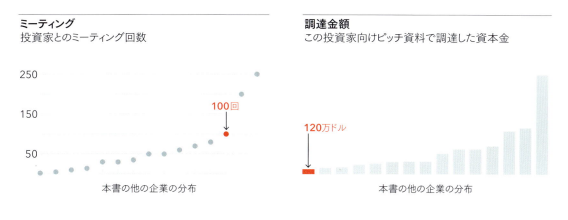

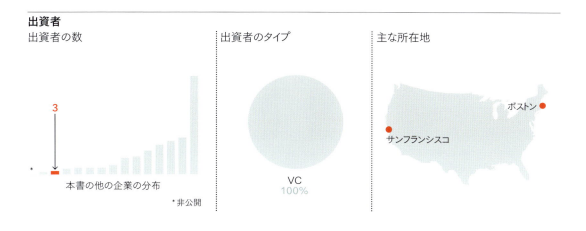

表紙

機会

ミッション

どのような環境にあっても食料生産を拡張できるようインフラを提供し、サプライチェーンの容易な管理を可能にする

独自の価値提案

土地・水・労働力を省いた商業的農業がどんな気候でも可能になる

製品

LGMはLeafy Green Machine（茂った緑の機械）の略

製品

farmhand

顧客

顧客セグメント

市場

市場セグメントの概観

Hinge

若い専門職のための出会い系アプリ

創業チーム：ジャスティン・マクロイド
所在地：ニューヨーク市
調達ラウンド：シードラウンド
業界：マッチング、出会い

　ジャスティン・マクロイドが立ち上げたHingeは友達の友達を紹介する出会い系アプリです。資料は、モバイルの出会い系アプリが流行る理由を説明するところから始まります。単にユーザー数などの数値を紹介するだけでなく使用頻度や使用期間まで掘り下げたトラクションが魅力を増しています。

起業家がやってしまいがちな間違い

「起業家は投資家と会って話をすることに力を入れすぎます。時間がもったいないだけでなく、投資する側に交渉力を持たせる危険があります。投資は男女の付き合いと同じです。相手側に出会えて良かった、と思ってもらうのが良い関係につながります」

アドバイス

「どのステージにあっても、他にはない取引だと思ってもらえるほど分野を絞り、起業家が投資家を選んでいると思ってもらうことが重要です」

やり直すなら

「最初の部分でマッチングアプリの未来像を伝えても良かったかもしれません。このようなアプリは2013年にはあまり一般的ではありませんでした。2015年までに大半の独身者がマッチングアプリを使っているであろうという予測を打ち立てても良かったでしょう」

投資家が注目したスライド

「投資家は市場規模の算定のところで多くの時間をかけました。人数面でも金額面でもMatchが市場すべてをとったと思われていました。これに対して私たちが信じている未来像は、少なくとも市場は10倍にはなり、Matchがメインプレイヤーの地位にはいないだろうというものでした」

6 実際のピッチ資料

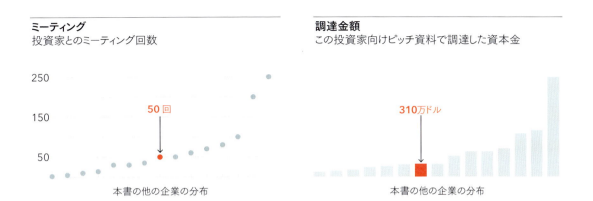

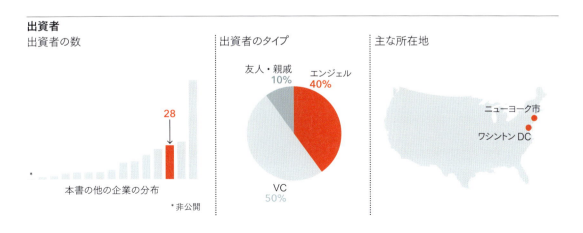

表紙	沿革

問題	解決策

23~36歳向けの出会い系サイト　　　　　　　　　　Hingeの特徴

トラクション

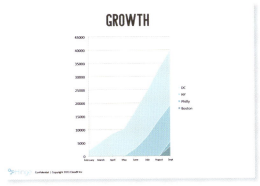

成長

競合

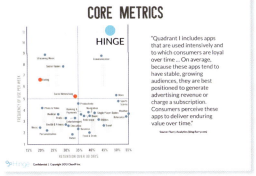

鍵となる指標

市場

出会い系サイト市場

製品

Hinge3.0の予告編

Karma

Wi-Fiを連れて回り、どこでも簡単につながる

創業チーム：ステファン・ボルジェ、スティーブン・ファン・ウェル、ロバート・ガール

所在地：ニューヨーク市

業界：ISP、情報通信、モバイル

2012年の初期、ニューヨークに旅行で来ていたスティーブン・ファン・ウェルはKarmaのことをランチを食べながら話していました。すると急に変な人が歩み寄り、「ハイ」とだけ言って立ち去るのです。数時間後、デビッド・ティッシュというTechstars NYCのマネージング・ディレクターからメールを受け取りました。メールの内容は「僕のことを知らないと思います。でもさっき会いました。すぐにニューヨークに引っ越してTechstarsに参加するべきです」と書いてありました。それがKarmaの資金調達の一歩目でした。

Karmaの資料はわずかな紙面でかなりのことを成し遂げます。一貫性のあるフォーマット（上部の大きなタイトル、中央部にはメインのコンテンツ、下部に追加のデータ）によってすっきりと消化しやすくなっています。

起業家がやってしまいがちな間違い

「約束したとしても終わりではありません。お金が入ってくるまでは……。常にピッチをした方がいいです。もしかしたら、というのは『ノー』と同じです」

アドバイス

「ミーティングの後には必ずフォローをしましょう。週次の報告を、会ったすべての人に送るといいでしょう」

ミーティング
投資家とのミーティング回数

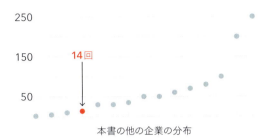

14回

本書の他の企業の分布

調達金額
この投資家向けピッチ資料で調達した資本金

230万ドル

本書の他の企業の分布

6 実際のピッチ資料

タイミング
10カ月

アイデア着想
2011年11月

ピッチ資料作成
2012年1月

調達開始
2012年2月

調達完了
2012年8月

出資者
出資者の数

非公開

本書の他の企業の分布

出資者のタイプ

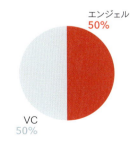

エンジェル
50%

VC
50%

主な所在地

ニューヨーク市
サンフランシスコ
ラスベガス

表紙

Karma　シェアするWiFi

概要

Meet Karma

Karma is the easiest way to get online. By unlocking WiFi we will make it possible for everyone to bring their own bandwidth, anywhere in the world.

Today, our Social Bandwidth hotspot brings frictionless WiFi sharing to the masses. It's WiFi for everyone to use.

機能

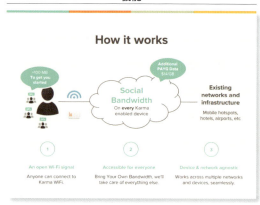

Karmaのしくみ

顧客コメント

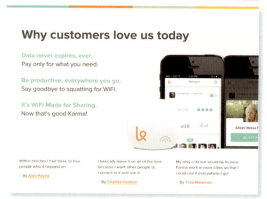

お客さんに愛されている理由

トラクション

スタートして6カ月

解決策

世界の帯域不足を解決

事業立ち上げ戦略

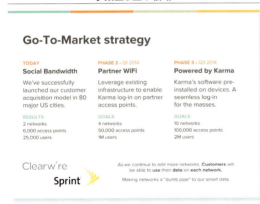

チーム

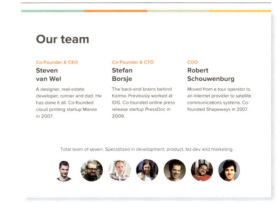

6 実際のピッチ資料

Man Crates

男が自慢できるギフト

創業チーム：ジョナサン・ビークマン、サム・ゴング
所在地：カリフォルニア州レッドウッド
調達ラウンド：シードラウンド
業界：Eコマース

　Man Cratesは強力なブランド力と良い顧客体験の代表例です。オンラインの贈答品サービスのように競合の多い市場にありながら、ジョナサン・ビークマンは顧客が感動するような体験を提供することで非常に収益性の高い企業を作り出しました。特に「顧客満足度」のスライドが素晴らしいです。Man CratesのNPS（ネット・プロモーター・スコア）が他の一流ブランドを凌いでいることが明白に示されています（訳注：NPSは知人を紹介するかどうかという視点で顧客満足度を指標化したもの）。

起業家がやってしまいがちな間違い

　「投資をする意思のない投資家の質問に答えるのは時間の無駄です。投資家の中には『投資しない』というよりも、いつでも投資できる権利を望んでいる人がいます。『投資する』という答えを引き出すのが基本ですが、その結果が得られない場合は『投資しない』という結論を引き出しましょう。具体的な条件を言わずに『検討中』という投資家はあまり相手にする必要がありません。まだ結論を出していない投資家に集中した方がいいでしょう」

アドバイス

　「資金調達活動を始めることを決めたなら、資金調達にだけ集中しましょう。週10時間だけを資金調達に使いたくなりますが、週80時間の仕事だと心がけた方がいいです。早く完了すれば、その分早く実際のビジネスづくりに戻れます。想定の2倍の時間がかかる計画を立て、早く終われば運が良かったと思いましょう」

やり直すなら

　「もう少し資料の形式にこだわり、資料を改善すると思います。ほぼ必ず対面で使用していたので、読み物としては不十分だと思います。また投資家とのミーティングの導入材料として使うことを考えると、スライドを数枚削れば予告編としての効果が高められそうです」

投資家が注目したスライド
財務スライド

ミーティング
投資家とのミーティング回数

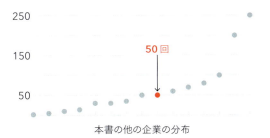

50 回

本書の他の企業の分布

調達金額
この投資家向けピッチ資料で調達した資本金

310万ドル

本書の他の企業の分布

タイミング
10 カ月

法人設立
2012年3月

調達開始
2012年6月

調達完了
2014年12月

アイデア着想
2011年10月

ピッチ資料作成
2012年6月

出資者
出資者の数

15

本書の他の企業の分布

*非公開

出資者のタイプ

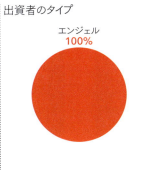

エンジェル
100%

主な所在地

シカゴ
サンフランシスコ
カリフォルニア州パロアルト
ノースカロライナ州ダーラム
テキサス州オースチン

6 実際のピッチ資料

表紙

ビジョン

1,500億ドル超の男性贈答品市場における主なブランドとなり、贈り物を贈ることを再び楽しく格好いいものにすること

市場

贈答品市場は大きいが分断されている

問題

オンラインの贈答品は顔が見えずインパクトに欠ける

解決策

Man Cratesの方程式

スクリーンショット

買い物体験の例

主な指標

顧客満足度

顧客

顧客特性

6 実際のピッチ資料

129

Reaction, Inc.

人道的商品のデザインと製造

創業チーム：マイケル・マクダニエル

所在地：テキサス州オースチン

調達ラウンド：シードラウンド

業界：環境技術（ハードウェア・ソフトウェア）

　Reactionはデザインを中心としたスタートアップです。資料もそれを表しています。寝るだけのためのトレーラーハウス（移動住宅）のような味気ない業界が、スライドのデザインと市場データによって、いきいきと魅力的に伝えられています。ハードウェアのスタートアップは使われている製品写真を参考にするとよいでしょう。Reactionの社会的意義がじわっと力強く、伝わってきます。

起業家がやってしまいがちな間違い

「(1) 長期的なビジョンについて説得力のあるストーリーを語らないこと。明るい未来の起業をしましょう。(2) ピッチのリハーサルや練習なしに投資家回りをしてしまうこと。(3) ピッチコンテストに参加するなど、資金調達という目的と関係ない相手にピッチすること」

アドバイス

「最近は、資金調達方法もアイデア次第になっているので、VCから調達するのが一番良いかどうかを考えましょう。資本の代わりに、自分の会社、夢、仕事の一部を売り、新しいステークホルダーを入れる意味を持つからです。VCに頼るのは、他に手段がないときや、やりたいことにマッチしたときに限ったほうがよいでしょう。調達するときも必要な額にとどめ、バリュエーションも受け入れましょう。資金調達はゴールではなく、スタートなのです」

やり直すなら

「製品ロードマップを示すスライドを追加し、7年から10年後の野心を表現したいです。そのスライドにより一瞬で燃え尽きたり、設立1年半くらいで飽きるようなチームではないことを投資家たちに伝えたいと思います」

投資家が注目したスライド

競合スライド

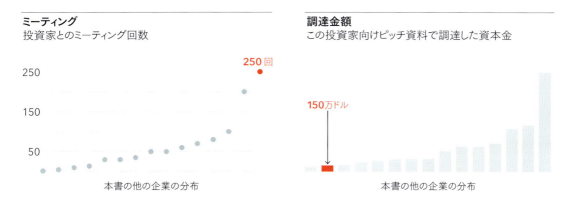

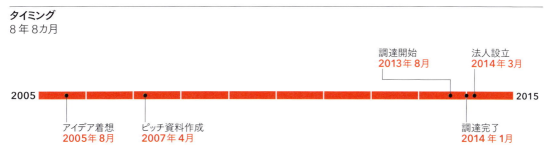

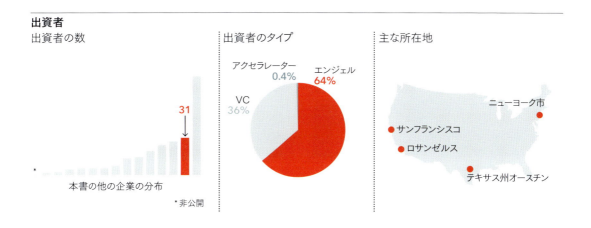

表紙	概要

	人間の基本的なニーズである「住」を満たすためのハードウェアとソフトウェアを提供する

問題	解決策

住宅需給のアンバランス	Exo住宅システム

製品

Exoシェルター

競合

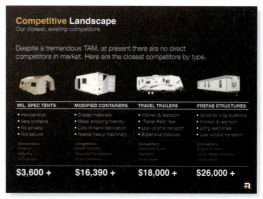

競合の概観

事業立ち上げ戦略

3つのバーティカル（ニッチな市場）に集中し安定的なキャッシュフローを確保する

チーム

Shift

車の売り買いを細かにサポート。
本物の口コミとアドバイス、試乗、お買い得を提供。

創業チーム：ジョージ・アリソン、クリスチャン・オーラー、ミニー・インガーソール、ジョエル・ワシントン、モーガン・ナットソン
所在地：カリフォルニア州サンタモニカ
調達ラウンド：シリーズA
業界：IT

Shift の資料はチームメンバーの実績の紹介から始まります。これがShiftの強みの1つです。ミニマリストデザインのスライドは、一般的な中古車販売の複雑さや、細切れ感をシンプルにしようとするShiftのイメージを強化します。全画面の写真も製品を見せるのに効果的です。ガレージに自動車が並ぶ"Hub"の写真は、妄想ではなく現実のものとして存在していることを訴えます。

起業家がやってしまいがちな間違い

「(1) バリュエーションが調達額に影響すると考えるCEOは多いです。実は、調達する額がバリュエーションを決めることになります (2) 十分な金額を調達することを重視しましょう。希釈化（訳注:増資によって創業者の持分が減ること）を防ぐことをあまり重視してはいけません。初期の段階では、18カ月から24カ月の間収入がないことを考慮して資金を調達した方がいいです。(3) ファンドではなく、ファンドを管理するパートナーを見ましょう。大事なのは誰と仕事をするかです」

アドバイス

「何よりも誰と仕事をすることになるのかを考えて判断しましょう。Shiftにとってもっとも重要かつ最高なことはチームです。共同創業者として技術的にも業務的にもすごい人達が仲間になってくれなければ、何も起きなかったことだろうと思います。チームが最重要です。何よりも先にすごいチームメンバーを仲間に入れましょう」

やり直すなら

「出来栄えには満足していて、やり直すことはほとんどないと思います。特にこの最終バージョンはVCからのフィードバックを取り入れたものになっています」

投資家が注目したスライド

「チームと製品ビジョン」

ミーティング
投資家とのミーティング回数

調達金額
この投資家向けピッチ資料で調達した資本金

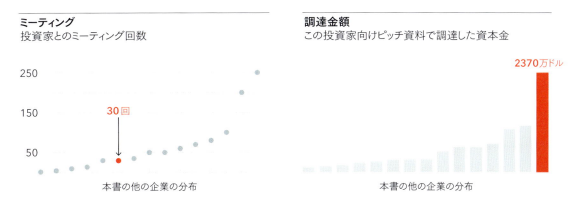

6 実際のピッチ資料

タイミング
3年6カ月

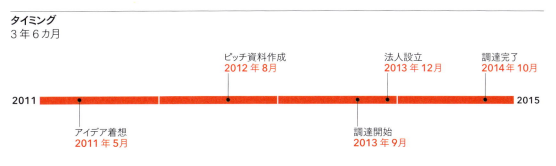

出資者

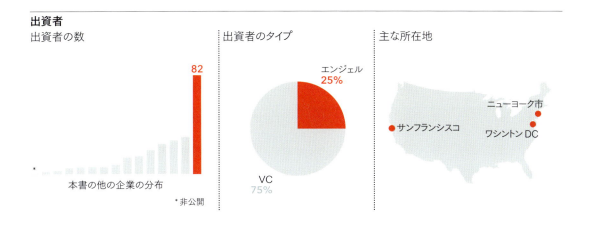

表紙

車の売り買いと所有を喜びにします

チーム

創業チームは過去に業界を変えた製品をつくっています

市場

全米自動車市場

問題

中古車売買は最悪な体験

解決策

プロセス

製品

Hub

スクリーンショット

消費者向けアプリ　例：ベストな買い方

スクリーンショット

消費者向けアプリ　例：楽に所有

SOLS Systems
歩き方を変える機能的でカスタマイズされた中敷き

創業チーム	キーガン・シューウェンバーグ、ジョエル・ウィッシュ
所在地	ニューヨーク市
調達ラウンド	シリーズB
業界	医療機器、ファッション、3Dプリンター

　SOLS Systemsは製造を革新するという大きなビジョンを持った装具メーカーのスタートアップです。資料は美しく、画像や空白の使い方がとても効果的です。挑戦的で簡潔な言葉がスライドの中心部を埋めます。背景に淡い画像を敷く手法も気に入っています。

起業家がやってしまいがちな間違い
「自己批判的になってしまうこと。達成したいことに見合った金額を調達しましょう。早すぎたり、多すぎることは遅すぎたり少なすぎることと同じくらい悪いこともあります。『もしかしたら投資する』という返事は『投資しない』を意味することを知らないことも、よくある間違いです」

アドバイス
「アーリーステージのベンチャー投資は合理的なものではありません。マーケットのトレンド、信頼関係、取りたいリスク、という要素が入り混じったものです。ホッケースティック図（訳注：売上がホッケーのスティックのようにV字で伸びる見通しを表す図）がどんなに魅力的でも、成功するか失敗するかは誰も知りません。不慣れなことをするのに慣れ、仲間と一緒に冒険しましょう。きちんと仕事をすれば、あなたより会社の成長の方が早いでしょう。でも大丈夫です。クビになったりはしません。すべての業務を把握していることを期待している人はいませんが、把握できる人を雇うことは期待されています。上手に人を雇うかどうかで、会社も計画も文化も変わり、究極的には成功するかどうかが決まります。そんなに焦る必要はありません。今日のベストを尽くし、学ぶことで明日は上達できていればよいのです」

やり直すなら
「成長の見通しを立てるときに、真の成長指標だけに絞り、ホッケースティック図や目立つだけのバニティメトリクス（例：PVやUU等、目立つもののあまり意味のない成長指標）は減らすと思います。スタートアップの市場での成長は、経営者が手をくだす判断、その手をくだす強さ、そしてその順番に直接反応します」

投資家が注目したスライド
「ほとんどの場合、スライドを見たり指し示したりすることなく話をしました。いわゆるピッチのような形式でしゃべることがなかったので（特にわかりません）」

ミーティング
投資家とのミーティング回数

10回

本書の他の企業の分布

調達金額
この投資家向けピッチ資料で調達した資本金

1110万ドル

本書の他の企業の分布

6 実際のピッチ資料

タイミング
2年2カ月

ピッチ資料作成
2013年6月

調達完了
2013年11月

アイデア着想
2013年5月

調達開始
2013年6月

法人設立
2013年7月

出資者
出資者の数

6

本書の他の企業の分布
*非公開

出資者のタイプ

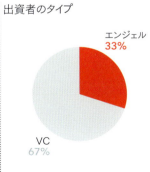

エンジェル
33%

VC
67%

主な所在地

ニューヨーク市
サンフランシスコ
テキサス州ダラス

139

表紙

SOLS

概要

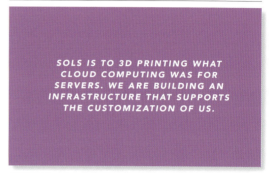

SOLS IS TO 3D PRINTING WHAT CLOUD COMPUTING WAS FOR SERVERS. WE ARE BUILDING AN INFRASTRUCTURE THAT SUPPORTS THE CUSTOMIZATION OF US.

クラウドがサーバーのあり方を変えたように、SOLSは3Dプリンターのあり方を変えます。私たちをカスタマイズするインフラを構築します

解決策

PRODUCT AS A SERVICE

Our vertically integrated hardware as software model leverages digital manufacturing + design to enable rapid development of physical goods

Want to sell SOLS? Get our software.

- Minimal set-up costs
- Extensive customization
- Rapid iteration
- Zero inventory
- Subscription vs. one-time transaction

サービスとしての製品

市場

ACROSS 300B+ IN APPLICATIONS

用途は3,000億以上

解決策

私たちのカスタマイズ

機会

なぜ今なのか?

顧客コメント

ビジョン

今日から未来が始まる

6 実際のピッチ資料

Tegu

レゴを木製の磁石に

創業チーム：ウィル・ホーティ、クリス・ホーティ
所在地：コネチカット州ダリエン
調達ラウンド：シリーズB
業界：玩具

　Teguは強力なストーリーを持つ玩具会社です。ウィル・ホーティとクリス・ホーティは社会起業家としてホンジュラスの雇用創出と収益化を両立させようとしています。結果として彼らに投資をしたのは、社会的ミッションと投資機会としての両面に共感し、信じた人たちでした。Teguの木製磁気ブロックと同様、ピッチ資料は美と実益のバランスが完璧です。

起業家がやってしまいがちな間違い

「情報を集めるのに時間をかけすぎます。究極的に、人は信頼のできるコンセプトや人に投資をします。また、マッチしない投資家との時間を費やすこともしてしまいがちです」

アドバイス

「目標はテーブルの向こう側に座っている人を『これはデカくなるかも』と思わせることです。それに成功すれば、あとは投資額に関する細かいことしか残りません。計画遅れは想定し、常に契約をもらう姿勢で臨みましょう。時間がかかりすぎると取引は消滅します」

やり直すなら

「『収益の使い道』というスライドをつくりたいです。さらに、業界を知らない人にもすぐにわかってもらえるように競合スライドの完成度を高めると思います」

投資家が注目したスライド

「投資家はあまりスライドを見ていませんが、どれかと言われれば財務ページです。『それでどうやって儲かるの？』ってよく投資家に聞かれました」

ミーティング
投資家とのミーティング回数

本書の他の企業の分布

調達金額
この投資家向けピッチ資料で調達した資本金

本書の他の企業の分布

6 実際のピッチ資料

タイミング
2年3カ月

- アイデア着想 2006年5月
- 調達開始（シリーズA） 2009年1月
- ピッチ資料作成 2008年12月
- シリーズA 完了 2009年5月
- 法人設立 2009年8月
- 調達開始（シリーズB） 2012年4月
- シリーズB 200万ドル調達 2012年10月
- シリーズB 300万ドル調達完了 2013年12月

出資者
出資者の数

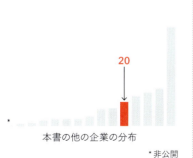

本書の他の企業の分布

*非公開

出資者のタイプ

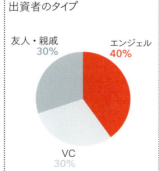

- 友人・親戚 30%
- エンジェル 40%
- VC 30%

主な所在地

シカゴ
セントルイス
ロンドン
コネチカット州ウェストポート
ニューヨーク市
ロサンジェルス
コロラドスプリングス
ダラス・フォートワース

表紙

投資概要

企業概要

Teguは世界でもっともイノベーティブな高級玩具会社です。良い調査、良いデザイン、そして沿革

企業の歴史

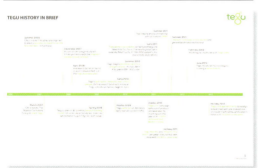

機会

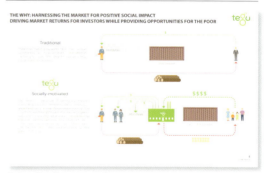

社会貢献の力を活用し、貧困層に機会を提供しながら投資家へのリターンを生む

マイルストーン

販売実績

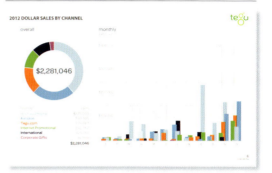

メディア

財務

6 実際のピッチ資料

145

Tree House

住宅デザインと住み心地を重視した
カテゴリーを超えたホームセンター

創業チーム	エヴァン・ルーミス、ジェイソン・バラード、ケビン・グラハム、ポール・ヤノシー、ピート・エイカーソン、ブライアン・ウィリアムソン
所在地	テキサス州オースチン
調達ラウンド	シリーズA
業界	ホームセンター、環境技術

　ホームデポのホールフーズ版。というのが、ルーミスと他の共同創業者がTree Houseを当初売り込むときの文句でした。ピッチ資料は住宅や商業ビルが次のエコ革命の標的になる理由を述べるところから始まります。Tree Houseがその革命の主役になるのです。

起業家がやってしまいがちな間違い

「成功する起業家は、お金ではなく仲間を先に増やします。違う言い方をすると、友情を犠牲にお金を集めることはしません。このことを忘れた起業家が友人、信頼そして勢いを失う瞬間をいくつも見てきました」

アドバイス

「この本を読め」

やり直すとしたら

「次のバージョンの投資家向け資料には、全面画像のスライドを増やしました。写真というのは、人にイメージを伝えるのにとても有効だと思います。このプレゼンでよく受けた指摘は、早く製品が見たいというものでした。なぜなら冒頭の10ページを『トレンド』『機会』『業界の状況』といった内容に費やしていたからです。投資家は前置きが長いのを退屈に感じます」

投資家が注目したスライド

「3つのスライドが議論の中心でした。(1)トレンドを示す『誰かがやるでしょう』というタイトルのスライドはもっとも投資家のコメントが多かったです。各バーティカル（ニッチな市場）についてロゴを積み上げて表示したのがわかりやすかったのだと思います。(2)『エコな住宅の要素がいたるところにあります』という機会のスライドは、2番目にコメントが多いものでした。投資家にとってみれば、住宅建築の未来像に対する予告編のように感じたはずです。(3)Tree Houseの店舗のあるソリューションスライドもコメントが多かったです。投資家が気にいるかどうかはすぐにわかりました。『かっこいいね』と言うか、否定的に肩をすくめるかのどちらかはっきりしていました」

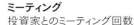

ミーティング 投資家とのミーティング回数	調達金額 この投資家向けピッチ資料で調達した資本金

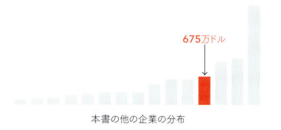

タイミング
2年3カ月

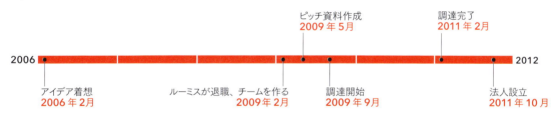

出資者

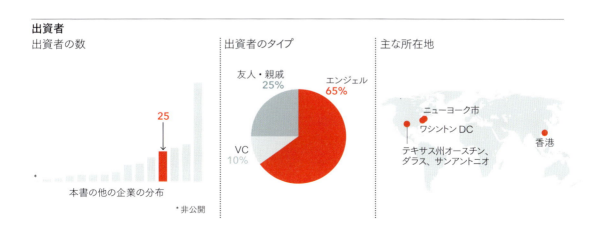

6 実際のピッチ資料

表紙

機会

誰かがやるでしょう

機会

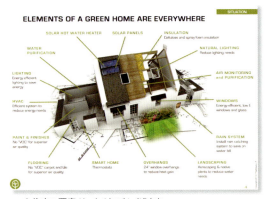

エコな住宅の要素がいたるところにあります

市場

建築の未来はエコです

解決策

Treehouse　エコなホームセンター

地理的成長計画

想定中の店舗展開

戦略提携

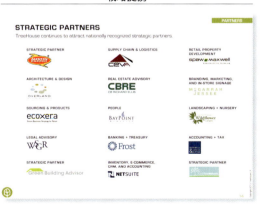

投資ハイライト

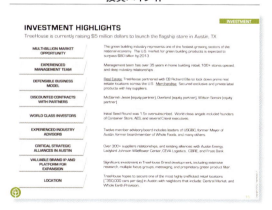

6 実際のピッチ資料

7 ピッチ演習

この章は、ピッチが上達する実践的な方法をまとめました。実際の起業家が活用した簡単なものからちょっと変わったものまであります。平凡なピッチを、自信と説得力があり、資金調達力の高いピッチへと進化させるいくつかの演習手法を紹介します。演習の目的はいくつかあります。基礎的な「ピッチ力」を高めること、自分の殻を破ること、自分自身のストーリーを語り慣れること、自分の会社に最適なプレゼンスタイルを築くこと。

ここで紹介する演習は、どれも気まずく、やりにくく感じるはずです。その感覚を受け入れてください。いずれもピッチ指導のプロ中のプロが使う手法です。

ピッチ演習

- Techstarsのジェダイ錯覚法
- d.school ピッチフレームワーク
- ドライラン
- スパイ・ドライラン

Techstarsの
ジェダイ錯覚法

Techstarsパートナー、ジェイソン・シーツより

演習の時間：5分
用意するもの：あなたの会社のことを知らない協力者

　20個の単語しか使えません。その20語を使って、聞いてもらいたい質問を引き出すようにしてください。

　この演習では、あなたのスタートアップについて何も知らない人に協力してもらいます。そして、その人にエレベーターピッチをします。終わったらすぐに、「最初に思いついた質問は何ですか？」と聞いてみましょう。

　反応に驚くことになると思います。Techstars参加企業に向けた演習を行った経験をジェイソンが語ってくれました。

　起業家たちはどんな質問を受けたいかをはっきりとわかっているとは言えません。にもかかわらず、期待していたものと完全に違う質問ばかりを受けることに衝撃を受けます。「そのような質問が来るということは、違う業界の話をしているように誤解されたということです」。適切な疑問を持ってもらうことは大事なことです。

　東海岸で投資活動を行っているウォルト・ウィンシャールの言い方を借りると「彼らのセリフを先に言うな」ということになります。

> 起業家：「最近始めたビジネスについて一言で説明するので、最初に頭に浮かんだ質問を教えてもらってもいいですか？」
>
> 聞き手：「はい」
>
> 〈起業家がエレベーターピッチをする〉
>
> 〈聞き手は思いついた一つ目の質問をする〉

演習後の振り返り
❶ 期待していた質問でしたか？期待していた質問は何でしたか？
❷ 相手の反応から考えて、何が伝わり、どう理解されたと思いますか？
❸ より好ましい会話を相手と行うため、ピッチをどのように修正したらいいでしょうか？

d.school
ピッチフレームワーク

スタンフォード大学d.schoolローンチパッドより

演習の時間：30分
用意するもの：特になし（あなただけ）

　スタンフォード大学のデザインスクール（通称dスクール）のローンチパッドプログラムはたった10週間でアイデアしかない起業家を売上のある状態にするという大胆な目標を掲げています。ここは変容力を高める経験をするには最適の場所です。ピッチについても同じです。dスクールでは、演劇の思想を取り入れ、恐怖を乗り越え、創造力を解放することをします。個性のある語り方ができなかったり、ピッチの前に気持ちが沈んだりといったことで悩んでいるなら、この演習をお勧めします。8種類のフレームワークがあり、遊びながらピッチを繰り返し行うことができます。

　それぞれのフレームワークをルーミスのスタートアップであるTreeHouseを例に説明します。

1. 1語ピッチ

　知ってもらいたいことや、感じてもらいたいことを伝えるのに1つの単語しか使えないとしたら、どんな言葉を使いますか？

　エコ住宅

2. ピクサーピッチ

　ピクサーの脚本家エマ・コーツによるこのフレームワークはピクサー作品すべてに当てはまります（おそらくほとんどすべてのストーリーにも）。

むかしむかし、＿＿＿＿＿＿＿＿＿＿＿＿＿＿

毎日、＿＿＿＿＿＿＿＿＿＿＿＿＿＿＿＿＿＿

ある日、＿＿＿＿＿＿＿＿＿＿＿＿＿＿＿＿＿

そのため、＿＿＿＿＿＿＿＿＿＿＿＿＿＿＿＿

そのため、＿＿＿＿＿＿＿＿＿＿＿＿＿＿＿＿

そしてついに、＿＿＿＿＿＿＿＿＿＿＿＿＿＿

　むかしむかし、個人が家を修繕するためのホームセンターという業界がありました。

　毎日、マイホームのオーナーや工務店はホームデポやLowe's(ローズ)といったホームセンターに通い、必要な備品を買っていました。

　ある日、人々の身の回りの環境についての意識が高まりました。

　そのため、現在のライフスタイルを持続性の高い方法に切り替えるようになりました。例えば、食材ならホールフーズに行き、衣料品ならパタゴニアに行くのです。

そのため、ホームセンターについても持続性の高い代替品を探すようになりました。

そしてついに、TreeHouseは初のエコホームセンターをつくったのです。

3. 死亡記事ピッチ

想像するとゾッとするかもしれません。今から70年後、あなたが死んだとしましょう。ニューヨークタイムズがあなたのスタートアップを振り返る記事を書き、遺した功績を称えます。どのようなことが書いてあるでしょうか？

> エヴァンが投資銀行を辞めた時、創業した会社がアメリカの家づくり文化を変えるなんて夢にも思っていませんでした。しかしTreeHouseという初のエコなホームセンターの登場によって、アメリカ人がリフォームやメンテナンスをするときのエコ意識に変化を起こしました。そしてホームデポやローズといった業界大手のライバルと目されるように成長しています。TreeHouseの貢献によって消費者は環境持続性を家づくりでも追求できるようになりました。

4. キラキラ口コミピッチ

あなたのアプリをApp storeもしくはアマゾンで5つ星に評価してくれたお客さんがいました。その50ワードのコメントはどうなっているでしょうか？

> DIYを買うなら文句なく1番の店です。ローズとホールフーズが結婚して赤ん坊ができたらTreeHouseになるでしょう。環境のことや家族のことや家のことが気になるなら、TreeHouseに寄ってみるべきです。私を信じる必要はありません。自分の目で見てみてください。がっかりすることはないですよ。

5. 誇らしげに孫を見るピッチ

技術にはまったく無頓着なおばあちゃんがもし、孫であるあなたの会社の自慢をするとしたら何を言うでしょう？彼女の友人は細かいことや技術的なことには興味はありません。どのような興味を持つのでしょうか？

> TreeHouseの店員は本当に優しくて親切なのよ！あんなに礼儀正しくて丁寧な若者に出会うことはないわ。

6. 3幕3行の劇

3行で3幕の劇の脚本を書いてみましょう。

第1幕：ヒーローの紹介
第2幕：ヒーローの困難
第3幕：ヒーローが困難を克服

　第1幕：あなたは環境意識が高く、家を大切にし、DIYが大好きです。

第2幕：古い家を買ったばかりで大変。たくさんのリノベーション（修繕）が必要なのですが、買ってくるものが環境によいものかどうかわかりません。

第3幕：そこでTreeHouseを発見。エコで持続可能な商品を扱うホームセンターが登場し救われました！

7. 俳句ピッチ

起業した
会社の川柳
楽しいよ
（5-7-5でピッチしてみましょう）

※訳注：HAIKUというのは、日本語の俳句のことですが、たった17文字（英語は17音節）で本質を詰め込む簡潔さは美徳とされています。洋の東西を問わず、シンプルなものは美しいとされています。

家づくり
エコで楽しく
サービスも

8. 酔っ払いのヘミングウェイピッチ

映画『ミッドナイト・イン・パリ』はノスタルジックな作家が1920年代のパリにタイムスリップし、当時パリに住んでいたヘミングウェイ、フィッツジェラルドに代表される往年の作家に出会う映画です。dスクールはこの映画からアイデアを得た演習を行います。この映画の中で、ヘミングウェイは自分の作品について語ります。

私の本が好き？とても正直に書いた作品だから、いい本になったよ。戦争も同じようなものさ。泥まみれで死ぬこと自体は立派でも高潔でもない。でも潔く死ねば違う。そうすれば、高潔なだけでなく、勇敢さのあらわれだ。

このセリフの形態を真似してみましょう。

これは＿＿＿＿＿だからよい＿＿＿＿＿です。＿＿＿＿＿自体は別段＿＿＿＿＿でも＿＿＿＿＿でもないのですが、＿＿＿＿＿すれば別です。そうすれば、＿＿＿＿＿なだけでなく、＿＿＿＿＿になります。

これはスマートだからよいホームセンターです。家のメンテナンス自体は別段面白いものでも、楽しいものでもないのですが、愛着のもてる家を作ろうとするなら別です。そうすれば、楽しく面白いものになります。

予行演習（ドライラン）

演習の時間：10〜30分
用意するもの：フレンドリーな知人を1人〜3人

　ピッチをそのまま練習することほど効果的なものはありません。何度も資料を見直したり、頭の中で復習したとしても、実際にやってみるまで本番でどうなるのかわかりません。親しい知人数人に投資家役となってもらい、練習してみましょう。1人には録画（携帯電話で十分）してもらい、後で復習できるようにします。始めたら、特別な断りや説明はいりません。そのままやりましょう。本番に近い形で練習できるほど、本番が楽になります。練習したことによって得られる気づきがあまりに多くて驚くはずです。

　ドライランにはいくつかのバージョンがあります。

公式ピッチプレゼン

　VCのパートナー向けにピッチをすることを想定した演習です。ビルに入るところから練習します。オフィスに入ったらどのような挨拶をしますか？何を言いますか？パソコンのセットアップはどうしますか？少し雑談をしてから始めますか、それとも単刀直入にピッチしますか？終わったらどうしますか？

コーヒーショップピッチ

　友人をコーヒーに誘い、まるでエンジェル投資家とコーヒーショップで会うような状況でピッチしてみましょう。ここでもコーヒーショップに入るときから演習が始まっていると考えます。早めに行きますか？どのくらい先に行きますか？コーヒーは誰が買いますか？公式なピッチとの違いはどうですか？

資料あり／資料なし

　ピッチ資料がある状況にもない状況にも準備ができている必要があります。エヴァン・ベアーは一度コロラドに住む富豪の自宅でアポが取れました。パソコンを持ち込み、資料も用意し、案内されたのがカントリークラブによくあるようなふかふかなソファーです。投資家はおもむろに「今やっていることを教えてください」と尋ねたのです。オフィスでの打ち合わせだったとしても、事前にそのVCは資料に目を通していて、口頭での概略だけを聞きたいこともあります。

スパイ・ドライラン

演習の時間：30分
用意するもの：親しいエンジェル投資家か個人投資家

　この演習はアクセラレーターに代表される起業家育成や教育機関に向けた特殊なものです。いろいろな練習を行い、見ていたとしても、起業家が現場でどのように振る舞うのかは把握しようがありません。そのような情報を得るには、親しい投資家に、その起業家に会って現場での行動を見てもらいましょう。起業家には演習だということは伝えません。その起業家にしてみたら、本番と何ら違いのないミーティングです。また、投資家からあなたに情報が回ることも知らせないほうがいいでしょう。投資家にはなるべく率直なフィードバックをするようにお願いをしておきます。可能なら2人以上に依頼して評価のバイアスを減らし、傾向をとらえやすくします。

投資家が持つ観点

・身振り手振りやそれが意味するところ
・投資しない理由
・この機会がワクワクする理由

PART 2
支援を得る

GET
BACKED

資金調達とはもっとも基本的な感性だけを使ったプロセスだ。

その感性が問われるのは、ほとんどの人が配偶者と一緒にいるよりも

長く付き合うパートナーを探すことになるからだ。

Goodwater Capital（グッドウォーターキャピタル）のパートナー。
ツイッター、フェイスブック、スポッティファイに投資
チ・ファ・チェン　VC

8 スタートアップの資金調達入門

　この章ではスタートアップの資金調達の基本——しくみ、調達ラウンドの意味合いや手順、投資契約書の目的——について解説します。起業初心者の皆さんが財務用語に馴染めるよう、そしてより重要で難しい信頼関係を結ぶステップへと進むことができるような内容にしました。もし「プリマネー・バリュエーション（投資実行前のバリュエーション）」や「コンバーチブル・ノート（転換社債の一種）」といった用語が怖くても、ここを読めば安心です。資金調達業務に深く踏み込み、最新のテクニックまで学ぶ必要はありません。私たちが知っている多くの投資家は、交渉によって条件を有利にするよりも、信頼できる起業家と仕事がしたいと考えているからです。

重要な要素

- 資金を調達する4つの方法
- 調達ラウンドとは
- 投資契約書を理解する

資金を調達する4つの方法

大きく分けると4つの方法でスタートアップは資金を調達します。

利益（つくる）

そもそも企業というのは利益を生む存在です。企業は「価値創造装置」であり、現金は蓄積した価値のある一部でしかありません。したがって製品やサービスの販売を通じて資金を得るのは1つの手段です。言い換えれば、製品をつくるのにかかる費用よりも高く売ることができれば、その利益からさらに多くの製品をつくることができます。あるいはコンサルティングのようなサービスを提供し、会社を大きくすることもできます。これを「ブートストラッピング」と呼ぶ人もいます。資金調達法のなかで、間違いなくもっとも安い方法です。多くの企業はこの方法で成長資金を得ます。

資金の源
・売上－費用＝利益

借入（借りる）

借入をすると負債ができます。負債では、現金の「レンタル」費として利息を毎月支払う必要があります。さらに、資金を提供する機関は返済の保証を要求します。多くの場合、返済不能となったときの回収手段として工場や大型の設備等を担保とします。借入による調達は、利益を通じて自らつくりだすよりも利息の分だけコストがかかる方法です。また、利息や元金を返すことができなければ破産に追い込まれるリスクがあります。

資金の源
・投資銀行
・商業銀行
・消費者金融
・Ableのようなソーシャルレンディングサイト

株式（売る）

　資金を調達する3つ目の手段は、貴重な会社の所有権および将来生み出す収益の一部を売ることです。立ち上げたスタートアップが将来的に大きな企業価値を持った場合、ほんの一部であっても所有者は儲かります。株式（エクイティ）を売ると、それを買った投資家は会社のステークホルダーとなり、合意した比率の所有権を渡すことになります。もしスタートアップが成功すれば、元来創業者が得ていたはずの膨大な利益の一部が投資家に回ります。したがって株式による資金調達はもっとも高コストな方法だと言われていますが、それはたとえ投資家からの資金がなくても同じように成功するという仮定のもとです。スピードが大事な場面や、投資家が資金以上のものを提供してくれる場合に株式を売るのは、成功するための重要な手段となります。

資金の源
- プライベート・エクイティ・ファンド
- ヘッジファンド
- ベンチャーキャピタル(VC)
- エンジェル投資家

募金（集める）

　スタートアップの資金を集める最後の方法は、もらうことです。助成という名目でスタートアップに資金を与える制度は昔からあります。現在はクラウドファンディングサイトを利用して消費者やファンから募金を集める企業が増えています。その場合、提供された資金の見返り（リターン）として、割引券やサービスのおまけなどを渡します。強く野心的なメッセージが込められたブランドや、消費者向けの製品、熱烈な顧客を持つスタートアップにとって適した調達法です。

資金の源
- Kickstarter（キックスターター）
- Indiegogo（インディーゴーゴー）
- Crowdfunder（クラウドファンダー）

〈訳注：日本ではMakuake（マクアケ）やREADYFOR（レディーフォー）、Campfire（キャンプファイヤー）などのサイトが有名です〉

調達ラウンドとは

　新しいアイデアを持ったデコボコな起業家チームがいたとしましょう。このアイデアを具現化するため、友人や親戚から資金を集めます。この段階で仮に25万ドル集まったとします。この調達をスタートアップ界隈ではシードラウンドと呼びます。この起業家チームにとって初めての資金調達です。この資金を使ってプロトタイプをつくったり生活費にあてたりします。

　半年から1年後、起業家らは従業員を雇ったり、MVP（顧客が代金を払う最低限の製品）をつくったりするための資金を必要とします。このときは前回よりも多くの資金（ここでは250万ドルとします）が必要なため、お金持ちの叔父さんでも支援できそうにありません。そのため、スタートアップに投資する他のお金持ちを探すことになります。このような裕福な個人をエンジェル投資家と呼びます。エンジェル投資家は成功した起業家であることが多く、単独でスタートアップに投資することも、他の投資家と情報を共有しながらグループで投資することもあります。新たな投資家を迎え入れるこの段階の調達をシリーズAと呼びます。

　モデルケースの話なので、すべてが理想通りに進んだとします。スタートアップはほぼ利益を生む状態にまで成長しました。創業者たちは、もっと大きくスケールさせるための資金（ここでは1000万ドル）が必要だと判断します。今回はベンチャーキャピタル（VC）という業種からの調達を考えます。実はVCもスタートアップのようなものです。彼らは富裕層の投資事務所や年金基金、保険会社から資金を集め、大きなリターンの期待できるスタートアップに投資します。このような資金調達をシリーズBと呼び、これによりグロースと呼ばれるステージに進んだと言います。

　より大きな資金が必要になれば、より大きな資金源から調達するというプロセスは続きます。株式市場に上場（IPO）し、公開企業になるか、より大きな企業に買収されるまで何度か継続することになります。

　想定したスタートアップの道筋をまとめます。

シードラウンド　友人・親戚（25万ドル）
シリーズA　エンジェル投資家（250万ドル）
シリーズB　VC（1000万ドル）

　以上が調達ラウンドのあらましです。投資家から一定の資金を調達し、会社を成長させ、さらに多くの投資家からより多くの資金を集めます。Y Combinatorというアクセラレーターを創業したポール・グラハムは、調達ラウンドをギアシフトに喩えます。自動車や自転車のギアのように、スタートアップが加速し、成長するとともに調達ラウンドを上げていきます。調達をするラウンドで得る資金は、会社を次のステージへと進める役目を果たします。適切な額を適切な手段で調達することができれば、適切なスピードで成長します。他社よりも早く動きつつ、早すぎてコントロールを失ってしまわな

いように適切なスピードで成長させるのです。

投資契約書を理解する

　創業者が株式を手放し、資金を得るたびに、資金提供者とは法的な契約を結ぶことになります。ブラッド・フェルドとジェイソン・メンデルソンの著書『Venture Deals』によると、この契約は2つのことを定める機能を持ちます。

❶ **経済性**　スタートアップが売却されたときや破産したときの財産の分け方（平たく言うと、誰がいつ、いくらもらえるか？）
❷ **コントロール**　意思決定の権限やタイミング（平たく言うと、誰がいつ、何を決めるか？）

　投資家は希望する経済性とコントロールを得るために、いくつかのしくみを契約に入れます。これらのしくみは独特の用語と相まって皆さんを混乱させるかもしれません。大成功から大失敗までのあらゆる可能性を持つ企業の創業者としては契約書という暗号を解読し、会社や自分自身にとってどのような意味を持つのか理解しておく必要があります。大切な用語の意味について解説しましょう。

調達価格

　調達価格は投資額とそれによる持分比率で表します。この調達価格と結びついているのが企業価値の評価（バリュエーション）、すなわち直近の株価を株数で掛けた総額です。2種類のバリュエーションがあります。

- **プリマネー・バリュエーション**　投資が行われる前のバリュエーション
- **ポストマネー・バリュエーション**　投資が行われた後のバリュエーション

　プリマネーとポストマネーは紛らわしいので、交渉時にはどちらのバリュエーションについての話なのか注意しましょう。調達価格は次の用語を使って決めることもあります。

・株価
・持分比率
・投資総額

優先分配権

　優先分配権とは、スタートアップがうまくいかなかったときに投資家を守るしくみです。清算時や売却時に、投資した額の2倍や3倍といった額の分配が投資家に保証されます。十分な分配金がないときでも投資家が優先して資金回収ができるようになっています。

　分配権の中には「参加型」の優先株というものもあります。参加型では、売却時などに分配金を受け取った後に、さらに残りの財産についても分配権があります。

受給権（Vesting）

スタートアップの創業者や従業員に株を報酬として配る際に、すぐに辞めてしまう人よりも長期的に貢献する人を評価するため、期間とともに増加する受給権を設定します。4年にわたって全体の48分の1ずつを毎月分配するのが一般的になっています。また最低1年勤務するまでは何も得られないという「1年の壁」という規定を設けるケースも一般的です。

資本とは「若干」違う契約

アーリーステージの資金調達について触れておきたいことがもう1つあります。非常に若い企業は、バリュエーションをしないまま資金調達がしたくなります。それは合理的に企業価値を算定し、調達価格を決めるのが難しいからです。そのようなときはコンバーチブル・ノート（転換社債）を使います。コンバーチブル・ノートは発行時には融資の性質を持ち、資金調達時には株式へと転換されます。先に資金を提供するかわりに、投資家は株式を割り引いて買うことができます。契約は異なりますが、誰がいつ、いくらもらえるか、何を決めるかという条件を決めるという本質は変わりません。

9 調達源の概要

スタートアップに投資をする人たちとはどのような人や団体なのでしょうか？以下に紹介する5つから、ほぼすべてのスタートアップが調達しています。それぞれは投資額やステージ、資金以外のメリットに違いがあります。

主な要素

- 友人や親戚
- クラウドファンディング
- アクセラレーター
- エンジェル投資家
- ベンチャーキャピタル（VC）

5つの調達源
The Five Funding Sources

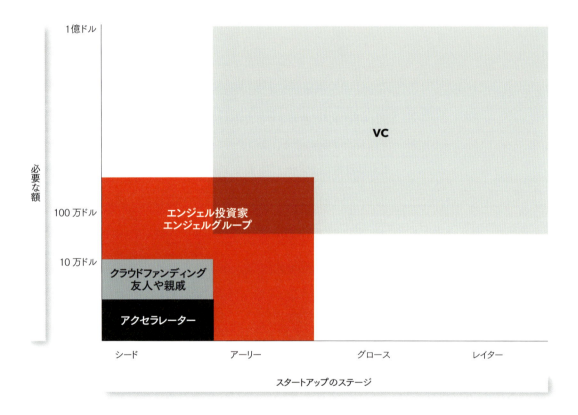

友人や親戚

概略

金額：5000〜10万ドル
時期：シードステージ

　才能があるものの粗削りな人が、地元を離れ事業を始めるとします。金融畑の知り合いもなく、人脈も乏しい中で、彼は知っている限りでもっともビジネスに近い人に会いに行きます。それは、お金持ちの叔父さんや、ホームドクターや、シェールガスが湧き出た牧場をたまたま持っていたご近所の方かもしれません。「友人や親戚」の投資家、というものはそのようなものです。

　2012年におけるスタートアップ資金の82％は創業者の友人や親戚から得られたものだという調査結果もあります。アメリカにおける（そして世界においても）最大の資金源になっているのが、このグループです。2011年には、この友人や親戚だけで500億ドルの投資が行われており、VCとエンジェルを合わせた金額よりもはるかに大きいです。

　友人や親戚から資金を集めるのなら、スタートアップのリスクについて積極的かつオープンにするべきです。現実には、ほとんどのスタートアップは失敗し、その投資は返ってきません。投資額がその友人や親戚の経済状況に著しい影響を与えるなら、資金を受け取るべきではありません。目安として、総資産の5％以上の資金を受け取らない方がいいでしょう。理想的にはもっと少ない方が望ましいです。

友人や親戚の代表例

- 「お金持ちの親戚」
- 同じ教会に通っている経営者
- 医師や弁護士
- 高校時代の友人

メリット	デメリット
他の調達方法と比べると、手続きが簡単	友人や親戚のお金だということを認識する。誤った方法で資金を集め、人間関係が壊れるケースは多いので、個人のお金を受け取るリスクについては慎重に考える
資本が素早く手に入る	一般的にはそれほど大きな額ではない
築いてきた信頼関係を活用することができる	複雑な株主構成を好まない投資家もいるため、あまり大勢から資金を集めない方がよい
一般的に気長な投資家である	一般的にはあまり洗練されていない
条件がよい	将来の資金調達の阻害要因になり得る

クラウドファンディング

概略

金額：5000〜10万ドル
時期：シードステージ、アーリーステージ

クラウドファンディングは従来の方法とは異なる、破壊的な可能性を秘めた資金調達方法です。大勢の投資家から小口で集め、スタートアップもしくはその活動の一部に資金を供給するしくみです。クラウドファンディングには2つのカテゴリーがあります。

- **報酬型** 資金の提供者は投資家というよりも「パトロン」となり、資金の見返りにさまざまな報酬を受け取ることができます。この報酬は製品の先行販売であることも多く、一般的にクラウドファンディングというとこのタイプを指します。Indiegogo（インディーゴーゴー）やKickstarter（キックスターター）などのサイトがあります。

- **投資型** 資金の提供者は株を受け取り、実際に投資をします。従来は法的な規制により、さまざまな条件をクリアした一部の人（つまり富裕層）にしかクラウドファンディングによる投資は許されていませんでした。2015年3月のJOBS法に即した証券取引委員会の新ルールではほぼ誰にでも投資が可能になりました。CircleUp（サークルアップ）やCrowdfunder（クラウドファンダー）などのプラットフォームがあります。

クラウドファンディングでは、資金調達以外にも多くのことが得られます。マーケティングに活用し、コンセプトやプロトタイプの検証を行ったり、予約販売を行ったり、価格設定や宣伝の実験を行うことができます。

クラウドファンディングの代表例

- Kickstarter
- Indiegogo
- CircleUp
- Crowdfunder

メリット	デメリット
報酬型では資本の割り当てが不要	人目に触れること。もしあまり人気がなく、トラクションが低ければ格好悪い経験をすることになる
ビジネスアイデアに対する反応がすぐに得られる	サポーターの中には気が短く、約束通りに報酬が得られないとクレームがあるかもしれない
口コミによる宣伝が可能	製品のコンセプトが公開されるため、競合に真似される可能性がある
投資するほどのファンに関する情報が集められる	

アクセラレーター

概略

金額：5000〜5万ドル
時期：シードステージ、アーリーステージ

　アクセラレーターは起業家のためのMBAとも呼ばれていました。アーリーステージにあり、まだ大きな資金調達をしていない企業にとって、アクセラレーターは格好の「筋肉増強剤」です。

　アクセラレーターから資金を直接得るというよりも、資金調達を加速してくれる存在としてとらえた方がいいかもしれません。アクセラレーターに参加することで、資金提供者へのアクセス、ビジネスアイデアの相談、コワーキングスペース、エンジニアの紹介、ビジネスの検証などが得られます。AirBnb（エアビーアンドビー）やDropbox（ドロップボックス）など、10億ドル以上のいくつもの企業がアクセラレーター出身です。投資家、取引先、共同創業者を紹介するアクセラレーターもあります。

　あるアクセラレーターに参加することで、そのネットワークやブランドも引き継がれるので、しっかり選びましょう。アクセラレーターの増加に伴い、プログラムの内容や参加スタートアップの質は低下します。その結果として、多くのアクセラレーターは特定のバーティカルや業界に特化しています。

アクセラレーターの代表例

- Y Combinator
- Techstars
- 500Startups
- Seedcamp（シードキャンプ）

メリット	デメリット
資金調達の可能性を高める	すぐに大量の資金が必要な場合には合わない
人の紹介や相談に適している	人気のあるアクセラレーターに参加するのは困難
口コミやPRになる	時間がかかり、ミーティングが増える
ビジネススキルが鍛えられ、向上する	少額の投資の割には要求される株式の割り当てが大きく、割高なこともある
仲間ができ、「同期」からの相互支援が期待できる	多すぎるアドバイスにより混乱することもある（5人のメンターから異なる5つの助言があることも）

9 調達源の概要

エンジェル投資家

概略

金額：15万〜50万ドル
時期：シードステージ、アーリーステージ

　エンジェル投資家はシードステージおよびアーリーステージの企業への投資を生業としています。過去30年に誕生した巨大企業の多くはエンジェル投資家の支援から始まっています。グーグル、ヤフー、アマゾン、スターバックス、フェイスブック、コストコ、ペイパルは一例です。エンジェルはVCよりも個人的な基準で素早く投資が決まる傾向があります。TreeHouseの投資家の1人は、アイデアを気に入ったため、ルーミスに一度も会う前に5万ドルの投資をしました。Outbox（アウトボックス）では、初めての投資家とのミーティングで、会ったその日に技術系のエンジェル投資家から10万ドルの出資の申し出がありました。多くのエンジェルは起業家でもあります。大企業の経営者や士業や医師などの専門職出身のエンジェル投資家もいます。

エンジェル投資家の代表例

- ピーター・ティール
- マイク・メイプルズ
- デイブ・マクルーア
- ナバル・ラビカント

メリット	デメリット
エンジェルは経験のある領域に投資することが多い	評判の悪いエンジェルもいる。投資家と対等な関係をもち、好きか、信頼できるか、一緒に仕事ができそうかを考える
同じ業界にいるエンジェルも多く、この「スマートマネー（訳注:知恵や経験と資金がセットになっていること）」が投資された企業に投資したがる人は多い	関与が深くなることがあり、場合によっては望ましくない
他の投資家や取引先などの人脈が期待できる	エンジェルからだけ集めようとすると、人数が多くなりすぎ、まとめるのが大変
最初の調達ラウンドで投資したエンジェルが次のラウンドもほとんど説明なしに投資を決めることがある	多くのエンジェル投資家はお金以外の支援をしない

DEEP DIVE
深堀りコラム❺

AngelList（エンジェルリスト）

概略

　とても簡単に説明すると、エンジェルリストはスタートアップ向けのLinked In（リンクドイン）、つまり優れたスタートアップを検索、調査することができるデータベースです。主なエンジェル投資家やシード投資を行うVCが登録しており、スタートアップの開拓や情報収集にも活用されています。さらに、エンジェルリストはクラウドファンディングの機能も持ち合わせています。起業家は単にエンジェル投資家とオンラインで出会うだけでなく、オンラインの「シンジケート」と呼ばれるしくみ（後述）を使って調達までを行うことができます。エンジェルリストから調達に成功しているスタートアップの大半はシードやシリーズAにあります。

スタートアップや投資家のデータベースとして

　エンジェルリストから直接調達するつもりがなくても、登録だけでもしておくのは起業家とスタートアップの双方にメリットがあります。興味のある人をフォローしたり、競合の調査をしたりしてみましょう。優秀なデザイナーやエンジニアを雇うのにも活用できます。

エンジェルリストから資金調達

　会社の情報をエンジェルリストに登録するのはとても簡単ですが、だからといって簡単に資金が集まるわけではありません。起業家は「つくれば売れる」という希望的戦略をエンジェルリストでも適用してしまいがちです。情報を登録しておけばどこかで億万長者の目に留まって……ということはありません。宝くじが当たるのとは違います。実は多くのスタートアップはエンジェルリストから調達することができていません。調達に成功する一部の企業は、細かく観察し、戦略を立てます。エンジェルリストで資金調達を考えているのなら、以下のポイントに注意しましょう。

・**プロフィール上で関連する人をすべてつなげる**
　非公式なアドバイザーや、従業員、顧客としても登録することができるので、コメントを依頼してみましょう。プロフィールで多くの人とつながっていればいるほど、読まれやすくなります。またスタートアップに素晴らしい友人や支援者がいることが伝わります。

・**調達してから募集する**　調達希望額の半分ないし

は3分の1を実際に調達できてからエンジェルリストに登録するのがよいタイミングです。他の投資家が行ったであろうデューデリジェンス（DD）を信頼して投資を決める人は少なくありません。すでに大きな支援者がいる方が、さらに支援しようと考えるものです。さらにどのような人がすでに投資しているかも大切です。著名な人であればあるほど、エンジェルリストにおけるフォロワーが多ければ多いほどよいでしょう。

- **調達資金の種類を明確にする**　エンジェルリストは2つの方法で資金調達を支援します。1つはVCに代表される大きな投資家や企業とつなげることです。もしこれらの企業からエンジェルリスト上で連絡があったなら、その後の展開はオフラインで出会ったのと同じように進むことになります。電話で話をした後に面会するといった具合にです。投資が決まったら、従来の手続きと変わらず、弁護士が書類をまとめ、振込が行われ…、という流れになります。もう一つの方法は、エンジェル投資家による「シンジケート」というしくみです。シンジケートでは、エンジェルは1000ドルから1万ドルといった少額の投資を1つのプールにまとめ、スタートアップに投資します。各エンジェルは、シンジケートに一定の額の投資を確約しておくと、シンジケートのリード投資家が投資を決めたときに資金が引き出されます。エンジェルリストのシステムによって、投資家の資格確認や送金といった手続きが行われます。取引の5%がエンジェルリストの手数料となります。

シンジケートから資金調達する意味

シードステージに投資する一般的なVCは、50万ドル程度、エンジェルリストに掲載されているエンジェルは一般に5000ドル投資します。もし50万ドルをエンジェルから集めようとするなら、何人ものエンジェルを取りまとめないといけません。また、多拠点展開、口コミ、顧客の紹介、等々、多面的な支援が必要なスタートアップには投資家という特殊なファンがいると助かります。

スタートアップ事例：
Outbox（アウトボックス）

エヴァン・ベアーにとって初めてのスタートアップであるアウトボックスでは、エンジェルリストから調達することにしました。そして、当時エンジェルリストにおける歴代2位の調達額に成功しました。その経緯をお伝えしましょう。

シリーズAの調達時のことです。リード投資家として機関投資家がついてくれる予定でした。2つの理由から新しい調達法を試してみようと思いました。

❶ 機関投資家が予定していた出資額に加えて、100万〜200万ドルほど余分に調達しておくため。
❷ 事業の未来のため、数十人、あわよくば数百人の人と関係を構築しておくため。私たちにとって、

エンジェルリストは色々なタイプの投資家とつながる良い手段でした。投資額が少ないゆえに、同じラウンドで多くの人が関係してきます。

エンジェルリストに登録する前に、主要な機関から、調達額の半分は決定しておくようアドバイスを受けたので、調達額400万ドルのうち、250万ドルはすでに確定していることを登録しました。すると最初の1週間で800万ドル分の申し出や紹介があり、最終的には250万ドルの調達をしました。そのうち、200万ドルはいくつかの機関投資家からのもので、残り50万ドルは約40人によるシンジケートからでした。この投資によりアウトボックスは一緒に成功を願ってくれ、支援してくれる仲間を50人得たのです。

DEEP DIVE
深堀りコラム ❻

エンジェルリストのプロフィールを解剖

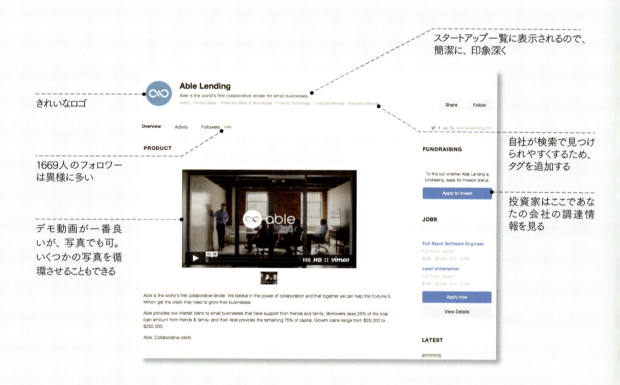

9 調達源の概要

経歴には一般に、学歴、職歴、肩書きを書く。これは社会的な信用のためであり、所属していた団体の信用力を個人の信用に活用していることになる。他にも志向していることや過去の実績とその規模をドルで記載するとよい

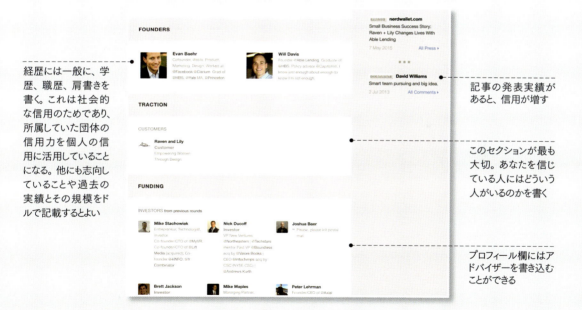

記事の発表実績があると、信用が増す

このセクションが最も大切。あなたを信じている人にはどういう人がいるのかを書く

プロフィール欄にはアドバイザーを書き込むことができる

177

ベンチャーキャピタル

概略

金額：100万～3億ドル
時期：アーリーステージ、グロースステージ、レーターステージ

　VCは基金や保険会社、年金基金、機関投資家から資金を集め、リスクのあるスタートアップの株式に投資する企業です。

　VC自体もスタートアップです。創業するパートナーたちは他のスタートアップに投資することで、利益を出すという計画でVCを始めます。スタートアップへの投資ができるほどのファンド規模にするため、VC自身も資金調達が必要です。彼らは、優れたスタートアップや起業家を知っていることや、成長するビジネスの目利きであるということを投資家たちに納得させなくてはなりません。アメリカベンチャーキャピタル協会（NVCA）によると、VCファンドの平均サイズは1億4900万ドルです。ハイリスクな投資という性質上、VCが期待するリターンはとても大きくなります。

ベンチャーキャピタルの代表例

- クライナー・パーキンス・コーフィールド・アンド・バイヤーズ
- グレイロック・パートナーズ
- アンドリーセン・ホロウィッツ
- セコイア・キャピタル

メリット	デメリット
信用がつく。著名なVCからの資金調達したことで社会的信用が増す	すばやく規模を拡大することが可能になる
資金額が大きい	コントロールを失う危険性がある
「スマートマネー」としてVCは経験豊富であることが多い	VCにはいずれ会社を売却するという期待がある
すばやくスケールすることが可能になる	ファンドの満期前で投資家への返金が求められているときなどに、大きなプレッシャーがかけられる

調達源がどこであろうと共通していること

　調達源がどこであろうと共通しているのは、あなたのような起業家を探しているということです。

　優れた投資先の安定した流れ、つまりディールフローがなければ、資金提供者も潰れてしまいます。資金を持っている側に大きな力があるように見せたがる投資家もいますが、そうでもありません。

　マクロな経済環境はうねります。投資できるスタートアップよりも資金が多いときもありますし、逆のときもあります。要するに、どちらにとっても相手は必要な存在であり、尊重し合うことが大切です。

> 投資家側にも交渉力があることを知り、
> あまり緊張せずに挑みましょう。
> 投資家の仕事はあなたに会うことです。
> VCを1カ月追いかけたら、
> 彼らの仕事はディールフローをつくり、
> スタートアップの現場を知り、
> 人気のある投資先を知ることだと
> 気づくはずです。
>
> IdeaPaint（アイデアペイント）共同創業者
> **ジェフ・アバロン**

資金調達をする前に考えておくべきこと

　エクイティによる資金調達をするかどうかというのは大事な決断です。以下のように考えを整理し、どこから資金を調達するか決めるのもよいでしょう。

1

なぜ資金を調達したいのか？

そもそもなぜ資金が必要なのでしょうか。会社を辞めるためですか？従業員を増やすためですか？自分のビジネスが成功しているという確信を強めるためですか？もしくは社交上の理由でしょうか？一度すべての理由を書いてみましょう。経済的、心理的、ビジネス展開上の理由などすべてです。

2

いくら欲しいか？

この問いに対する答えは科学的に導くことはできません。多くのスタートアップは次に達成したいマイルストーン（MVP、損益分岐点など）を決めるところから始めます。そのマイルストーンから逆算して必要な資源を洗い出すことから必要な資金を算出します。

3

資金調達しないなら何をするか？

外部資金なしに事業拡大するしか選択肢がなければ、何をしますか？この先6カ月の計画を考えてみましょう。

4

調達した資金で何をするか？

なるべく具体的に考えます。1ドル1ドルをどのように、いつ、何に使いますか？誰を雇いますか？想定をすることに違和感を覚えるかもしれませんが、きちんと考え抜きましょう。

DEEP DIVE
深堀りコラム ❼

フレンドシップ・ループとは

　Everest（エベレスト）を起業したフランシス・ペドラザが事業を立ち上げるためシリコンバレーに着いた時、彼がそこで知っていたのはたったの4人でした。なので、最初に彼が行ったことはその4人をコーヒーに誘うことでした。

　彼はコーネル大学を卒業したばかりでした。西海岸に移り、人が夢を実現できるようにするアプリの開発をしようと思い立ちます。世の中を変えるという確信と熱意以外には、仲間も何もありません。4人の知人にすべての期待がかかっているようなものです。

　彼は会うたびにつながりを強化することを心がけました。アイデアをピッチし、反応をよく聞きました。さらにさまざまな質問をして、相手に役立てることが何かないか探りました。それぞれに3人の人を紹介してもらうようにお願いをして、必ずフォローアップもしました。数週間もすると、朝食、昼食、夕食のすべてを初対面の人とするようになります。さらに続けて、Xプライズ財団のピーター・ディアマンディズやIDEOのデイブ・ブレイクリーと会い、アドバイザーにも就任してもらうことに成功します。多くの人と会えば会うほど、多くの人からの支援を得ることができました。10人を紹介してくれた起業家もいました。

　6カ月後、彼はいよいよ資金調達をすることにします。アドバイザーの一人の紹介によって、憧れのボノ（詳細は後述　訳注：世界的ロックバンドU2のボーカル）からの出資も得ました。フランシスが人脈を広げ、支援者のネットワークをつくり上げることができた秘訣はどこにあるのでしょう？

　フランシスは人と人をつなげ、関係を醸成し、連絡を続けるという地道な修練を行っていたのです。これを私たちはフレンドシップ・ループと呼びます。人間関係をつなぎ、信頼を増幅し、（しばしば軽視されることの多い）相手を喜ばせることをして、仲間として誘うプロセスです。成功し周囲から尊敬を集める起業家は例外なく――無意識であれ、意識的であれ――このプロセスを踏んでいます。そして資金調達でもっとも軽視されるプロセスでもあります。

会うべき人に会わないと
得るべき資金が得られない

　起業家は資金が必要になると、まるで崖を滑り落ちているような行動を取ります。つまり、目先のものが何であろうと、とにかく掴むのです。得られるかもしれない多額の資金と、未知のことに直面した不安によって、ものの見方が歪み、その結果人をまるでスロットマシンかのように扱い、乱暴かつ無差

別な行動を取ってしまうのです。きちんとやり方を理解した上でやれば成功するのですが。

　直接知っている人にことごとく断られたり、そもそも個人的に出資を依頼するのがはばかられたりすると、起業家はVCや銀行、財団などの機関にコンタクトします。ほとんどのスタートアップはこれらの団体の投資基準を満たしていません。しかし、目立つ看板があったり、投資プロセスがわかりやすそうに見えたり、VCから調達するという格好いいイメージに惹かれ、VCからの出資を求めます。電子メールの返信がまったくなかったり、仮に返信があったとしても「リード投資家が見つかったら連絡ください」といったものばかりを数カ月経験すると、ビジネスアイデアが良くなかったのかもしれないと起業家は負けを認めるのです。最初からやり方が間違っているにもかかわらず。

3つの罠

　ロードショー中、つまり資金調達活動中の数週間から数カ月、長くは数年までの間に、流れに飲まれてしまい、起業家たちはわかっているはずの3つの罠にはまってしまうことがあります。

　1つはお金を人間関係よりも重視してしまい、会社にとって資金が最重要資源だと考えてしまうのです。しかし、人間関係がもっとも重要な資源です。その人事な資源を持つ大事な人との関係が、スタートアップの成否を長期的に決定づけるのです。資金は思っているよりも早くなくなりますが、あなたの評判はもっと長く持続します。ロードショー中に得ることのできるものの中で、お金はもっとも価値が低いと言えるでしょう。

　2つ目は、すべての資金は良いものだと考えてしまうことです。投資家が資金を提供し、その代わりに株を一部渡すという行為は、結婚と似ています。その結婚によって新しい情報が得られたり、業界知識が得られたり、サプライヤーや代理店との関係がもたらされることがあります。逆に、すれ違いや支配権の問題、他にもやり直しの利かない問題を起こすこともあります。資金以外のメリットを把握しておくことは、将来的にとても重要です。

　3つ目に、人の紹介に対して無頓着な起業家がいます。どちらにもメリットがあるなら、一流の起業家をお互いに紹介し合うことを嫌がる人はいるでしょうか。1000万ドル稼ぐであろう起業家を紹介する人間に誰でもなりたいはずです。逆に、薄っぺらくて、偉そうな上に約束を守らない起業家を紹介する人はいません。人の紹介を台無しにすると多くの人が傷つきます。いくつかの点に注意するだけで協力者に良い印象を与えることができますが、その注意を怠ってしまう人は少なくありません。良い方法はあるのです。

　資金を持つ人や企業を札束として見てしまうのではなく、投資家と将来にわたって双方にメリットの

ある人間関係を構築しましょう。起業家が会う人たちに支援と熱量の輪をつくっていき、人々が進んで支援するようになることは可能なのです。

　Cash is King（キャッシュは王様）という言葉がありますが、友情が王様なのです。
　以上のような新しいパラダイムをフレンドシップ・ループと呼びます。フレンドシップ・ループは自分自身のソーシャル・グラフ、つまり人脈とスタートアップに必要なものを棚卸しすることから始めます。直接知っている人に人の紹介をお願いし、そこから新たな人間関係を築き、誠心誠意接し、喜ばせ、あなたの夢にさまざまな形──助言、提携、さらなる紹介、投資──で誘います。
　「紹介・構築・喜ばせる・誘う」というサイクルを繰り返すこと、それがフレンドシップ・ループです。

フレンドシップ・ループ

紹 介

スタートアップを前に進める可能性のある誰かを紹介してもらう

　資金調達を目指す起業家が最初に直面する課題は、支援者との信頼関係を築くことです。投資家たちは「次世代の〇〇」というアイデアを売り込む電子メールを毎日何百件も受け取ります。そういう相手に信用してもらうにはどうしたらいいのでしょうか？「橋」を探すのです。支援者と接点がないように感じても、実はある1人を介せば誰でもスタートアップを次に進める力を持つ人とつながることができます。良い形で紹介してもらうことができるなら、仲介者が持つ信用を引き継ぎつつ、紹介された人に会うことが可能です。まず目の前にいる信頼関係のある人たちから始めましょう。身近な相手にストーリーを語ることに慣れ、ビジネスアイデアの抜け穴を調べ、ピッチの訓練をします。

構 築

共通点を探したり、質問をしたり、一緒に「遊ぶ」ことで信頼を築く

　成功する起業家は紹介によって得た信用を活用し、人脈豊富な人、助言者、投資家と会う貴重な機会を獲得します。ピッチ資料を携えて、コーヒーショップ、レストラン、家や仕事場に行きます。そして次にすることは意外に感じるかもしれませんが、あまりしゃべらずに聞くのです。フレンドシップ・ループの第2段階は信頼関係の構築です。相手との共通点を探したり、質問を投げかけて話を聞いたり、ビジネスアイデアに意見を出してもらい「遊ぶ」、といったことを通じて相手との関係を築きます。成功する起業家は、一人一人が求めていることを理解するよう努め、その相手のために役立てるよう努力をします。

喜ばせる

感謝を示し、関係を維持し、
人を紹介し、相手に役立つことで喜ばせる

　思いがけず出会った人や、親切に紹介された人との関係を継続しつつ、起業家は普通のつながりを温かで思い出深いものに変えていきます。手書きのメモや、心のこもった贈り物、進んで力を貸すこと、価値のある人脈の紹介などはフレンドシップ・ループを重視する人にとっては名刺代わりです。見返りを期待せず、これらの細かなフォローをすることには時に驚くべき効果を発揮します。

誘う

パートナーやアドバイザー、
紹介者、出資者として仲間に誘う

　フレンドシップ・ループの最後のステップは出会った人を誘うことです。相手に依頼する内容や、双方のメリット、協力してもらうまでの段取りを考え抜いた後に、仲間になる提案をはっきりとしましょう。そして投資の依頼をする場合、取締役になってもらう場合、投資家やアドバイザー、業界のエキスパートを紹介してもらう場合、いずれの場合でも、依頼したことがなるべくスムーズに行われるように責任を持ちます。

10 紹介

人間は生まれながらにして社会的な動物である。
——アリストテレス

・ソーシャル・グラフとは
・弱いつながりやスーパーコネクターと信頼を強化し、紹介してもらう
・知識や人脈の弱点を把握し、伝える
・馬跳び

投資家と話すには
紹介される必要がある。

シリアルアントレプレナー、Y Combinator創業者
ポール・グラハム

出資してもらいたい投資家の
投資先に行きなさい。
起業家と仲良くなり、
まるで投資家であるかのようにピッチし、
「力になれることはありませんか？」と尋ね、
それから……
「1つお願いがあるんですが、紹介してくれませんか？」
と言うのです。

Clarity.fm創業者
ダン・マーテル

我々はたくさんのスタートアップに会う。
VCから返事をもらう
一番確実な方法は、
紹介してもらうことだという事実は
過小評価されている。

Rothenburg Ventures（ローゼンバーグ・ベンチャーズ）チーフコネクター、
元Floodgate Fund（フラッドゲート・ファンド）チーフコネクター
トミー・リープ

最初に話をした人たちは皆
友人か友人の友人だった。

Playbutton（プレイボタン）元社長兼CEO
——**アダム・ティチャー**

ソーシャル・グラフとは

　ソーシャル・グラフとはあなたが持つ人間関係を図式化したものです。仕事上の関係、個人的な関係、家族や親戚のつながりが視覚化されたものです。巨大で雲のようなもの、非常に簡潔なもの、どちらも存在します。

　ソーシャル・グラフの複雑性と形状はあなたの持つネットワークの接続性と多様性を表します。接続性というのは知人の数です。

　多様性というのは、知人の種類や所属するグループの数を指します。接続性も多様性も高ければ、ソーシャル・グラフは雲のように形をあまり持ちません。接続性も多様性も低ければ、単純な形を示します。他の条件が同じであれば、ソーシャル・グラフの接続性・多様性が高い方が資金調達が楽になります。

　当たり前のように感じるかもしれませんが、ソーシャル・グラフのちょっとした違いで意外な影響があります。

スタートアップ例：エベレスト

　フランシス・ペドラザを再び見ましょう。P181で紹介したエベレストの創業者には資金調達に乗り出す前から知人がいました。しかも色々な人を知っていました。

　ただ、シリコンバレーにはほとんど知人はいない上に、知っている投資家の数もゼロです。投資家だけでなく、起業家やデザイナー等、協力してくれそうな知人はほとんどいませんでした。ボノのことも知りませんでした。

　シリコンバレーに引っ越す前に、U2のリードボーカルであるボノがフランシスの会社に投資することになるだろうと、誰が予想したでしょうか。ところがエベレストを創業した6カ月後、フランシスはアイルランドにあるボノの自宅で、ボノが彼のアプリをどれだけ気に入っているのかという話を聞いていました。

　何をしたのでしょうか？

　フランシスは自分のソーシャル・グラフを分析することから始めました。

ソーシャル・グラフ
フランシスからボノへの旅

エベレストを立ち上げるには人脈が必要だと感じたフランシスはソーシャル・グラフを描くことにしました。おおよそこのような図です。ほとんどの人がそうであるように、知り合い同士が知り合っている状態です。

ソーシャル・グラフを成長させる必要性を感じ、フランシスはインターンのジョンに知人の中に、会いたい人を知っている人がいるかどうかを調べさせました。

フランシスは既存の投資家にコンタクトをとり、アダムを紹介してもらえないか相談しました。紹介の機会をもらい、エベレストのピッチをしました。アダムは気に入り、経営層の2人であるフレッド・アンダーソンとアビー・テバニアンにもピッチをするよう勧めます。

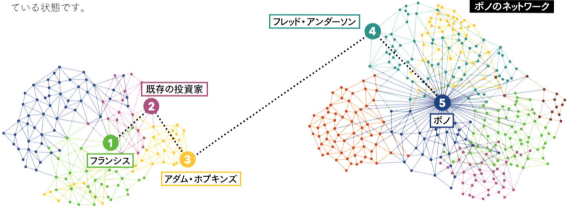

インターンはある既存の投資家がエレベーション社のパートナーと親しいことを発見します。エレベーションはフェイスブック、フォーブス、イェルプに投資しているプライベート・エクイティです。しかもボノが設立した会社だったのです。

フレッドとアビーは個人的に投資することを決め、ボノを誘いました。気がついたらフランシスは偉大なミュージシャンと一緒にアイルランドを走り回っていたのです。

フレンドシップ・ループを誰から始めるのか――。知り合いたい人と知り合うために、誰が橋渡ししてくれそうなのか、をソーシャル・グラフは教えてくれます。

脳神経科医がMRIを使って問題を特定し、治療法を決めるように、自分自身のソーシャル・グラフを分析、診断することで、会うべき人に会うための情報が得られます。

歴史上、イノベーションの源泉は従来隔離されていた人やアイデアがつながることだとスティーブン・ジョンソンの著書『イノベーションのアイデアを生み出す七つの法則』（松浦俊輔訳、日経BP社刊）に記されています。

あなたが育んでいる人間関係からアイデアやチャンスがもたらされます。いつも同じ人たちとばかり時間を過ごしていると、同じ話をし、新しい知識は得られず、好き嫌いも固まってしまうことでしょう。

逆に、いつものグループとは違う人たちと仲良くなることで、新たな知識、資源、意見を手に入れることができるのです。このネットワーク理論のパイオニアであるロナルド・S・バートは「従来隔離されていたグループ間をつなぐ人には極端に多くの資源が集まる」と言います。同じことをフランシスはもっと簡単に、「運の表面積を増やしておく必要があるのさ」と言っています。

前ページのソーシャル・グラフをもう一度見てみてください。小さな点の一つ一つが、社会における「人」を表しています。

想像してみてください――その点の一つ一つには、異なる思いや情熱、持っているものや知識が込められています。さらに、グラフの端にある、線が2つしかつながっていない点を見てみましょう。その人を仮にステーシーと呼びます。表面的にステーシーは孤独に見えます。良い人かもしれません。でも資金調達には役立ちそうにありません。ですが、ステーシーも社会的な動物なので、あなたが知らないだけで、たぶん同じくらいの知り合いがいるはずです。そしてその中で、お金があり余っている人がいてもおかしくありません。

あなたとステーシーのお金持ちの友だちの間には、構造的空隙と社会学者が呼ぶ「穴」がありますが、ステーシーが橋渡しすることができます。他の関係と異なるのは、ステーシーがもたらし得る人脈、情報、そしてお金はあなたにとってまったく新しいものだということです。

つまり文字通りたった一つの紹介で、完全に異なる社会的立場を手に入れ、身近な人や情報や資源が劇的に変わるということを意味しています。

そのため、「紹介」がフレンドシップ・ループの第一ステップなのです。あなたの会いたい人の紹介を得るためには、あなたがだれかを紹介できる場合は人にも紹介しましょう。自分が求めていることを周囲に明示し、すでに知っている人との信頼関係を強化し、それを馬跳びのように繰り返すことで実現することができます。

ソーシャル・グラフの基本

構造的空隙
その定義：2つ以上の独立したクラスター間の隙間。
その意味：空隙に注意し、新たな知人で埋める。例えば、ホームセンターを創業するなら、建設会社や建築家、デザイナー等との空隙を埋めていきたい。

弱いつながり
その定義：ソーシャル・グラフの周縁にいる「知人」。弱いつながりは新しい資源や情報が流れ、クラスター間をつなぐ道になる。
その意味：ソーシャル・グラフで重要なのは、あなた自身が知らないことや知らない人を知り得る弱いつながりの人たちになる。

クラスター
その定義：ソーシャル・グラフを描くと、いくつかのクラスターと呼ばれる塊に分かれる。同じクラスター内の人たちはお互いに知り合いであり、似たような情報や資源を持つ。一般的な人は仕事関係のクラスター、家族のクラスター、出身学校のクラスター、「クラブ」クラスター（教会、所属協会、趣味）を保有する。
その意味：投資家も同様にグループを形成する。自分のクラスターに投資家がいない場合は、いつもと違う人たちと仲良くする必要がある。

スーパーコネクター
その定義：いくつもの構造的空隙を埋める人。スーパーコネクターは複数のクラスター内の多くの人を知っている。
その意味：実際には数名の人だけが会いたい人への紹介ができる。その数名が誰なのか把握し、機会をつくり出すことは非常に重要。

DEEP DIVE
深堀りコラム ❽

運の表面積を増やす方法

　トミー・リープは起業家に会いたがっています。彼はシリコンバレー地域内の3カ所に住み、パロアルトとサンフランシスコで働き、なるべく人が集まる公の場所にいるように過ごしています。人に出会うのが仕事です。

　彼や彼が以前勤めていたフラッドゲートという1億4900万ドルのファンドは、人とのつながりを増やすことで新たなスタートアップを探し、投資したスタートアップを成功させています。

　ここで育った経験や、シリコンバレーに関する研究からわかることは、シリコンバレーには起業家、投資家、銀行、弁護士、会計士、広報、記者などのエコシステムがあることです。彼らがエコシステムを機能させています。逆にエコシステムが機能していなければ彼らも機能しません。ですから、そのエコシステム内の人をなるべく多く知っておき、彼らに貢献することが重要なのです。そうしておくと、すごい起業家が現れた時、エコシステム内のさまざまな人とつなぐことで手助けすることができるのです。

　彼がやってきたことは実を結んでいます。フラッドゲートの投資先であるChegg（チェッグ）とツイッターは2013年に上場しました。

　世界中のトミーが地下鉄やカフェで人との出会いを求めていることで、予想外の組み合わせが生まれ、世界を変える可能性が高まっています。ロードショー中に起きるもっとも貴重な出会いは、おそらく計画せず準備をしていない、まるで事故のようなものになるでしょう。

運の表面積を増やす方法

❶ **あなたが必要としていることを公開する**　どうすれば助けられるのかを知らなければ、誰も助けることはできません。

❷ **全員に話す**　空港の待合室でたまたま隣に座った一風変わった男性にもです。案外世の中は狭いですよ。

❸ **公共の場所で仕事をする**　地下鉄、空港、コーヒーショップ。取引が行われるレストランやコーヒーショップはどの街にもあります。有名なエンジェルやVCと偶然に会う可能性が増えます。

知識や人脈の弱点を把握し、伝える

エヴァン・ベアーは最初のスタートアップOutbox（アウトボックス）の資金調達のために、共同創業者ウィル・デイビスと2人で2つのリストをつくりました。

1つは5万ドルの資金が提供できそうな知人100人のリストです。2つ目は、現在はまったく土地勘がないものの、アウトボックスを成功させるためには専門家のようになっておく必要があることのリストです。

アウトボックスは、郵便物をドロップボックスのようにするというアイデアなので、リストには以下のような項目がありました。

❶ 米国の郵政公社に関する知識
❷ 従業員の組織化・戦力化
❸ テキサス州オースチンの開発エンジニアを採用
❹ ニューヨーク市のマスメディアと広告会社
❺ シリコンバレーの消費者向けインターネット企業とのパートナーシップ

次に、投資家に希望することを20項目ほど検討することにしました。

事業の成功を主眼に検討をすればするほど、資金そのものはありふれたものだと2人は感じました。もちろん150万ドル（18カ月間の活動分）といった大金を何とか集める必要があります。しかし、事業を立ち上げるためには、お金以上に、力になってくれる優秀な人たちが何よりも必要であることに気づいたのです。

資金以外のニーズを軸に新しい人脈を構築し、その後に資金のニーズについて相談してみてはどうでしょうか。

困っていることをよく知っている方が、人は力を貸しやすいものです。そのため、ニーズがはっきりしているほど良いです。ニーズを伝えることは、無能に見えるどころかスタートアップを成功させるための意志と課題がはっきりしていることが伝わります。

また、せっかく紹介してもらった人とお互いに価値のある関係が構築できます。

2つのリスト

　今、あなた自身にとっての2つのリストをつくってみましょう。たった10分ほどしかかかりません。10人の名前と10個のニーズを必ず書いてから読み進めることをお勧めします。例も記入しているので、参考にしてみてください。

人物リスト

1　お金持ちの叔母さん
2　同じ教会の中小企業社長
3　近くの商工会議所
4
5
6
7
8
9
10

ニーズリスト

1　業界経験
2　オフィスを借りること
3　Eメールのマーケティングテクニック
4
5
6
7
8
9
10

弱いつながりの人や
スーパーコネクターと信頼関係を築く

　紹介は第一印象を変える力を持ちます。良い形で紹介してもらえれば、仲介者がそれまで築いていた信頼を分けてもらうことができるのです。信頼は伝搬します。

　ひとたび仲介者が、クラスの人気者のグループに招き入れてくれればいじめられることはありません。これは信頼が伝搬するためです。

「こいつはなぜここにいるんだよ？」
「大丈夫。こいつはクールだ」
「クールならいいさ。音楽室で何かやっちまおうぜ」

　統計上、弱いつながりとスーパーコネクターがあなたのネットワークでもっとも価値があります。次の章では、出会った人たちとのつながりを築く方法を紹介していきますが、まずはみなさんの知る弱いつながりやスーパーコネクターの人たちに役立つ方法を考えてみてください。

　その人たちに価値のありそうなこと――彼らが属する業界の記事やイベント情報等に意識を向けてみましょう。

　また、相談に乗ってもらうのも一手です。相手の専門性や経験に訴え、そこまでのノウハウがいかに価値あるものなのか伝えましょう。

　紹介を得るためには、仲介者との信頼関係がある程度必要です。紹介を依頼する前に以下の点を確認してみましょう。

・紹介者と自分の信頼関係は？
・紹介者と会いたい人との関係は？
・紹介者にとって自分を紹介する意義は？
・投資家にとって自分に会う動機は？

Eメール例：
意見を求めることで信頼を構築する

親しい人に意見を求めるシナリオ
Scenario: Reaching Out to a Close Relationship for Feedback

パーソナルな挨拶と祝福的な内容で書き出す ▶

具体的な相談事項となぜ相手の意見に価値があるのかを伝える ▶

候補日は複数挙げ、メールの往復を極力減らす ▶

件名：ご意見をいただきたくランチご一緒できませんか？

ジム、最近マラソン完走したそうですね。おめでとうございます！すごいですね。

1つ質問させてください。

TreeHouseというベンチャーを始めたのですが、エコへの熱心な取り組みをされているジムにこのビジネスについてご意見をいただければと思っています。

ランチをしながら、お話をうかがいたいのですが、いかがでしょうか？ぜひご馳走させてください。

私の都合は：
・8月1日(月) 11:00~14:00の間
・8月2日(火) 12:00~
・8月5日(金) 11:00~14:00の間

がよいですが、ジムに合わせるようにします。場所はコングレス・カフェでどうでしょうか？

どうぞよろしくお願いします。
エヴァン

馬跳び

「馬跳び」というのは、力になってくれそうな人を次々と紹介してもらうことです。

　コーヒーを飲みながらでも相談に乗ってくれ、力になってくれそうな人が身近にいるかどうかを5人に尋ねるとしたら誰にしますか？そして、その人に会い、別れ際に「力を貸してくれそうな人を2人挙げるとしたら誰になりますか？」と聞いてみます。3人だと欲張りすぎですし、1人だと不十分です。少し考える時間を与え、その2人の名前を教えてもらいましょう。紹介を望んでいることや、きちんと報告を入れることも伝えておきます。

Eメール例：転送可能な紹介
E-mail Script: Forwardable Intro

> 件名：ありがとうございます//ジェイソン様へのご紹介
>
> ジム様
> 今日はお時間を頂戴してお知恵を拝借し、ありがとうございます。ループ社が成功してとても忙しいところだと思いますので、特に感謝しています。仰っていた感謝の重要性については、私たちのビジネスのとらえ方として改めて考えております。
> ジェイソン様をご紹介いただけるとのこと、ありがとうございます。ご紹介の手間をできるだけおかけしないよう、別メールにて自己紹介をお送りします。
>
> よろしくお願いいたします。
> エヴァン

相手の時間が貴重であることを認識し、活躍について関心と称賛を示す

言ったことや貢献したことについて触れる

10 紹介

> **件名：アクメ社へのご紹介？**
>
> ジム様
>
> 私たちのスタートアップ「世界初のイケてるレンガメーカー、アクメ社」についてご相談に乗ってくださり、誠にありがとうございます。
> 　ジェイソン様にご紹介いただけるとのこと、感謝申し上げます。製造面に関して多くの知見をお持ちとのことで、ぜひ一度お会いしたいと思います。
>
> エヴァン
>
> 追伸　ジェイソン様のために、アクメ社の簡単な紹介および私の経歴をお送りします。
>
> 　{〜社について}：　自社の説明を150文字程度で
> 　{〜について}：　自分自身の経歴を50文字程度で

エレベーターピッチの3秒版 → （私たちのスタートアップ…の箇所）

紹介された理由に触れる → （上げます。製造面に関して…の箇所）

Eメール例：コピー＆ペースト紹介文
E-mail Script: Copy/Paste Intro

件名：ありがとうございます//ジェイソン様へのご紹介

ジム様
今朝はありがとうございました。EdTechについてのアイデアや製品の方向性、ピッチ資料について本当に助かりました。ニューヨークでの資金調達に向けた資料についてもアドバイスをいただけると嬉しいです。 ← 相手に負担をかけずに、将来も関係が継続することを示す

さて、アーデン社のジェイソン様をご紹介いただけませんか？そのままお使いいただけるようなメールを添付しました。また、製品開発の担当者ともその後確認したのですが、ニスコ社の納期に対し十分なスケジュールでものづくりができそうです。そのため、デリック様へのご紹介はまだ必要がないので今のところは遠慮させてください。

準備のできていない紹介については丁寧に断る

改めてありがとうございます。新居を楽しんでください。 ← パーソナルで具体的な一言を加える

エヴァン
——————————
ジェイソン様
お元気のことと思います。
フォーム社のCEOエヴァンをご紹介します。フォーム社は従業員の財産管理用のアプリを開発しています。4月にニューヨークを訪れるそうなのでその際に、ジェイソン様に会えるとよいのですが。

「私たちは＿＿が＿＿をすることを＿＿によって支援しています」というエレベーターピッチ

この先はエヴァンと直接やり取りしてください。

よろしくお願いします。
ジム

紹介され上手になるには

紹介する側にしてみれば、人を紹介することには危険が伴います。

紹介された人がミーティングをすっぽかしたり、下準備をしなかったり、失礼な態度だったり、曖昧で無理な依頼をしたりすると、信用や評判を落とすことになるからです。

この知識社会においては、人脈こそが最大の資産であり、常に守り、育てるべきだと忠告する人も多くいます。人の紹介を当たり前のように感じてしまわずに、以下の点に注意したいところです。

その日のうちにお礼をする　理想的には最初の会合後数時間以内にフォローします。出会ったときのつながりの勢いを維持させるとともに、感謝の意識を高めます。

短く簡潔に　6文以内に収めます。多忙な人が受け取るメールは1日100通前後になります。メール処理に1時間かけたとすると、メールを読み、咀嚼し、応答するのに時間は1通あたり36秒です。たった36秒です。

依頼事項を理解するのに15秒以上かかるようなら、何かしらの対応をするのに時間はほとんど残されていません（参考のために、このパラグラフを読むのに15秒位かかったはずです）。

極力手間をかけずに紹介できるように　紹介者は「転送」ボタンを押すだけといった程度の簡単さで紹介できるような気配りをします。例えば、お礼のメールとは別に紹介文のメールを分ける方法があります。紹介文のメールでは、紹介してもらえることに対する感謝、新しいつながりの価値、スタートアップの簡単な紹介、を含めます。

紹介を受けたときやフォローするときは、依頼していることをはっきりさせましょう。

「アイデアをお借りできませんか？」とか「とりあえずお会いことはできませんか？」といった言葉は禁物です。ニーズをはっきりさせ、期待していることをメールに書き、候補日を複数挙げ、なるべく相手の都合に合わせる旨を伝えます。

時差がある場合には相手の時間帯で提案し、直に会う場合には相手のオフィスまたは近い場所で会うようにします。

11 構築

> ピッチは会話を始め、相手を巻き込み、双方に魅力ある結論を導くためにある。
> ——ダニエル・ピンク
> 『人を動かす、新たな3原則 売らないセールスで、誰もが成功する!』の著者

- すべての投資家が確認したいこと
- 事前準備
- 一言目(オープニング)の計画
- 共通点を見つける
- 良い質問をして聞く
- 一緒に「遊ぶ」

投資家と仲良くなれないのなら、
もう終わっている。
チームをつくったり、
取引先と仲良くなったり
できないことの表れだからだ。

Clarity.fm創業者
ダン・マーテル

好きじゃない人には
お金を出さない。

Rothenburg Ventures（ローゼンバーグ・ベンチャーズ）
マネージング・パートナー
マイク・ローゼンバーグ

私が参加したときから、
なるべく多くの優秀な人と会うという方針がありました。
会っているうちにいずれは
資金調達の話し合いに発展することを
十分に認識していました。

Idea Paint共同創業者
ジェフ・アバロン

起業家にピッチを一通りしてもらい、
それから会話が始まる。
一番楽しいのはその会話だ。

Rothenburg Ventures チーフ・コネクター
フラッドゲート・ファンド元チーフ・コネクター
トミー・リープ

ある著名な投資銀行の個人資産管理部門では、入社する社員全員に教える原理があります。その原理とは、提案時に投資家が見ている3つ判断基準のことです。

❶ 相手が好きか？
❷ 相手を信用できるか？
❸ 一緒に仕事ができるか？

しかもその順に確認するのです。好かれなければ、信用されるほど話を聞いてくれません。信用されなければ、たとえ儲かるビジネスであっても一緒に仕事してくれません。

最終的にピッチ資料が資金調達を決めるのではなく、3つの基準をクリアすることができるかどうかにかかっているのです。この章では、新しく出会った人と関係を構築し、基準をなるべく早くクリアできる道筋を紹介します。

Tree Houseの資金調達ロードショー初期、ルーミスはニューヨークに住む、ある大富豪に紹介してもらいました。「家に来ませんか？」という大富豪の提案にルーミスはパーク街に行きます。ジャクリーン・ケネディやジョン・D・ロックフェラー、ジョンソン&ジョンソンの財産承継者がかつて住んだ街です。

ドキドキしながらベルを鳴らすと、オフィスに案内されました。オフィスというよりもハーバード大学の図書館のような部屋でした。壁には豪華な絵画がいくつも飾ってあります。椅子に座ると、ルーミスは世間話を始めようとしました。

「すごい絵ですね」とルーミスは言いました。「この辺の画家ですか？」。

「いいえ」とその投資家は答えました。「レンブラントです」。それはそうですよね……。

不安定な気持ちのまま、ルーミスはピッチ資料を出し、Tree Houseという素晴らしいアイデアについて喋り始めました。5分も話す前から、相手が興味を持っていないことがわかりました。なぜでしょう？しかし、そこでルーミスは勇気ある行動を取りました。

「Tree Houseの話を止めてもいいですか？もう少しあなたについて知りたくなりました」

「いいでしょう。帰ってもらおうと思っていたところでした」と彼は言いました。

DEEP DIVE
深堀りコラム❾

視点取得、第一印象、および3分で投資家の約束を取りつける方法

　アイコンタクト、声のトーン、身振り手振りは相手の気持ちを読むヒントになります。これらのヒントを注意深く観察することで、相手が世の中を見ている視点を理解することが可能です。その相手が見ている視点を獲得することができれば、将来の行動を予測することが可能になります。次にどう動くのか（つまり投資をするかどうか）を、動く前に知ることができるのです。

　人と初めて会う瞬間、脳は意識的、無意識的にさまざまな判断をしています。視点取得（パースペクティブ・テイキング）というスキルを身につけることで、こうした初期の反応を認識し、さらには予測することまでできるようになるのです。視点取得というスキルは、相手の立場から世の中を理解し、相手の行動を予測する能力です。時々混同されますが、共感とは異なります。共感は感情面で相手とつながり、理解することですが、視点取得は相手の考えや視点を理解することです。

　視点取得をするということは、以下のような点を考えることです。
- 相手が会議室に入る前に考えていたこと
- 会議室での行動や発言
- （そして何よりも重要な）上記の理由

最初の3分

　心理学者の研究によると、人は近くにいる人間のことを最初の150ミリ秒で判断し、会議が終わるころに持った人物像の記憶は長期にわたって持続するそうです*。会った瞬間、相手は以下のようなことを判断しています。

15ミリ秒：信用できるか？

　何も言う前から、相手は無意識であなたを判断し、あなた自身も相手に対する判断をしています。爬虫類にも存在する扁桃体という脳の一部が相手を攻撃すべきか、逃げるべきか、死んだふりをするべきかを、ほぼ自動的に判断します。信用できるのだろうか？好きになれそうか？と。

10秒：どのような人なのか？理解し合えているか？

　次の数秒では、2つの処理が脳内で始まります。一つ目は「プロトタイプ・マッチング」と呼ばれて

*Kimberly D. Elsbach, "How to Pitch a Brilliant Idea," Harvard Business Review,
September 2003, https://hbr.org/2003/09/how-to-pitch-a-brilliant-idea

いるもので、聞き手がそれまでに知っていることと比較分析する作業です。クリエイティブか、しゃべりが上手か、仕事をやり遂げそうか、色々と「持って」いるか、といったようにです。この段階の判断は内省的です。聞き手は自らの行動や感情によってどのような関係が築かれようとしているのかを見ています。私は「良い流れ」に乗っているのか？私は退屈し、気が散っているのだろうか？といったように自分の反応を見ています。

3分：この先どうする？

約3分経つと、その先の行動について前頭前皮質がさまざまな情報をもとに判断し始めます。最初にいくつかの案（例えば、投資するかしないか等）を出し、それぞれのリスクとリターンを計算します。あまり時間もかからず、どの案が一番得なのかがわかります。

視点取得スキルを高める演習

小説を読む　小説を多く読むことが他人の心理状態の理解につながるという研究結果があります。文学作品を通じて他者の考えについて想像することができるようになるのです。

即興劇を習う　即興劇の演者は、相手の言葉、動作、所作に注意を払うことで不足している情報を埋めます。相手の心を読めるようにならないと務まりません。

議論を呼ぶ点から話をする　次に人と会うときに、ピッチする内容の中でもっとも議論を呼ぶ点から話してみます。そして注意深く相手の反応を見ましょう。相手が興味を持っているかどうかのリトマス試験紙として使います。

事前準備

初めて出会った人と二度と会えなくなる方法を知ってますか？それは準備をせずに会うことです。

起業家や富豪は非常に忙しい人たちです。また、毎日色々なことを断わっています。彼らは意地が悪くてそうしているわけではありません（ほとんどの人は……）。断らないと生活が破綻してしまうので、そうしているのです。一緒に座ってコーヒーをすする間に、受信トレイには50件の新しい提案や依頼が入ってきます。常に大事なことと緊急なこととを比較しながら時間の使い方を決めています。

多忙な人はウェブサイトに経歴を載せている理由があります。読みましょう。その内容を読んでおくと、相手は喜ぶものです。関心事や投資先、共通の知人などに目を通しておきます。まずグーグルから始めてもよいでしょう。次にLinked Inと企業サイトを読み、取締役を勤めている企業についても調べておきます。特にどのような団体に所属しているかを注意深く調べておくとよいでしょう。たった5分でもずいぶん多くのことを知ることができます。30分もすれば、相手がどのように力になってくれそうかはっきりしてくるはずです。

会う人について調査する方法

1 | **名前でグーグル検索し、検索結果の2ページ分を読む。** 読んだら再度、グーグルで検索しますが、今度は"filetype:pdf"というオプションを検索バーに加えます。すると、PDFの結果しか表示されず、その人の著作物などが表示されます。

2 | **エンジェルリストでフォローする。** どのような投資をしているのか、誰とつながっているかを調べます。

3 | **ツイッターでフォローする。** その人が誰をフォローし、会話をしているのかを知ることができます。*

4 | **Newsleを使う。**（訳注：現在はリンクトインに買収され、機能が取り組まれています）Newsleは電子メールやリンクトイン、フェイスブックでつながっている人が登場するメディア記事をまとめて見ることができるサービスです。つながりたい相手をフォローすることもできます。

5 | **ブログを読む。**

会う人について知っておきたいこと

❶ 職歴
❷ 共通の知人
❸ 個人的な興味・関心
❹ 取締役やボランティアとして協力している他の団体
❺ 家族構成や結婚歴
❻ 過去の投資案件、起業経験、好みの業界

---

*この情報をくれたマーク・サスターと彼のブログ "Bothsides of the Table" に感謝します。
http://www.bothsidesofthetable.com

背景情報テンプレート

名前／所属
_____

プロフィール
エンジェルリスト／_____
ツイッター／_____

著作
_____
_____

共通の知人
_____
_____

過去の投資先
_____
_____

共通点
_____
_____

一言目（オープニング）の計画

　あなたはカフェのドアを開けて入ります。カウンターの前でスマホをいじっている女性の姿を見かけます。準備をしていたため、その女性が会うべき女性だということがわかりました。丁寧に近づき、自己紹介を済ませ、彼女の分のコーヒーを買うことを申し出ます。彼女は同意し、一緒に列に並びました。コーヒー豆を挽く音や他の客の声が店内を鳴り響きます。注文の番を2人は静かに待ちます。

　どのような話をするべきでしょうか？

　鍵となる最初の会話を計画しておくことで、会話のトーンを設定することができます。そのオープニングの一言目で6つのことを達成することを目指しましょう。

1. お金だけが目当てでないことを示す

　お金の話をするときはいつも何らかのぎこちなさがあります。会う相手も何らかの期待をされていることを知っています。あなたも、相手が何らかの期待をされていることを知っていることを知っています。どちらも・も・ぞ・も・ぞしますが、この状況でどうしたらいいのでしょうか？

　そのもぞもぞは、お金だけが目当てではないことを証明することで消すしかありません。なぜなら、実際そうだからです。特に最初は、お金のことではないのです。「お互いが好きかどうか？」を最初に解決しないといけません。

2. 信用の伝搬をする

次に誰かに紹介されたら、信用がどのように伝搬されるかを注意深く観察してみましょう。次のような会話が交わされることになると思います。

「ボブ、お会いできて光栄です」
「こちらこそ」
「ジョンが紹介してくれて本当に嬉しいです。ジョンは良い人ですね。いつからのご関係ですか？」
「火事があったときに彼は僕の犬を助けてくれたんです」
「ジョンらしいですね」
「確かにそうですね」

何が行われましたか？共有できるジョンへの感謝を示すことで、ジョンの持っていた信用が伝搬されたのです。

3. 自信を示す

姿勢を正し、投資家をまっすぐ見つめ、しっかり握手します。信用できる人間であることを態度で示しましょう。

4. リラックスさせる

誰もが不安を抱えています。投資家も同じです。あなたはもちろん緊張しています——自分のアイデアをぶつけてお金を出してもらうのですから。しかし、投資家も緊張していることを忘れてはいけません。彼らにとってみれば、あなたに会うことはまるでギャンブルなのです。事前準備を通じて得た情報をもとに、相手への尊敬や出会った喜びを表現しましょう。

5. 相手を主役にする

Dos EQUIS（ドスエキス）というビール会社の人気コマーシャルに「世界で一番面白い人」というシリーズがあります。ナレーターは俳優ジョナサン・ゴールドスミスの伝説的な特技について解説するような内容です。このコマーシャルが人気なのは、誰しもが賢くて面白い人だと思われたいという事実に触れているからです。

自分が賢く優れた人間だと感じることで、人は力を感じます。その力により、人はオープンになり、アイデアを共有したくなります。アイデアを共有することを「遊び」と呼びます（後ほど詳しく触れます）。

6. 感謝を示す

あなたの力になれるほどの経験者はとても、とても忙しい人です。ということは、30分の打ち合わせのために大事なことが犠牲になっている可能性が高いです。例えば、数十の電子メール、夫婦での食事、古い友人との時間、運動、等々。その犠牲を尊重し、感謝を示すのです。

オープニングの実例

プレゼンのとき

「本日はこのような機会をいただいてありがとうございます。私たちのチャレンジに耳を貸してくだ

さるお時間やご意見を頂けること、感謝致します」

「〇〇さんにはご紹介いただいて本当に感謝しています。まず、〇〇さんと最初はどのようなきっかけでご一緒されたのか教えていただけますか」

一対一で会うとき

「紹介していただいたときは、〜なので、本当に嬉しかったです」

「〜について教えていただけますか？経歴を見てとても興味を持ちました」

「実は私たちは〜が共通なんです」

「〇〇さんには紹介していただけて本当に感謝しています。どうやって〇〇さんとつながったのですか？」

共通点を見つける

出会う人と趣味やその他細々としたことが共通していることがあります。共通点は、仲介者という共通の友人は当然のこととして、他にもあるはずです。同じ母校の出身かもしれません。あるいはホッケー好き、コーヒー好き、社会運動、といった共通項があるかもしれません。相手のことを調べる際、自分と共通する点を見つけ、その話を会ったときにしましょう。

「出身地同じですね」あなたが言います。

「えっ、まさか」相手は反応します。

「家はどの通り沿いですか？」

「ブロードモア」

「本当ですか？！いとこたちがブロードモアに住んでます。スミスと言います」

「スミスさんはうちのベビーシッターだったよ！」

「狭いですね！」

この時点でほぼ家族同然です。

共通点の例

- 共通の友人
- 趣味
- 社会的な関心事
- 外国語
- 場所－出身地、好きな旅先、大学の場所

良い質問をして聞く

ともすると「ピッチを完璧に仕上げる」ことに熱中してしまいがちです。特に最初の数回は、緊張のあまり視野が狭くなってしまうことでしょう。目先のことの重大さから来るプレッシャーによって、目の前の人をまるでATMのように扱ったり、相手がまるで聴講に来た学生のように一方的にしゃべるだけになったりしてしまうかもしれません。

ミーティングは会話や議論をするためにあります。双方向のコミュニケーションを心がけましょう。相手に関心を精一杯向けます。目の前の人の人生はあまりに興味深く、本を書きたくなるほどです。そうでないなら、なぜわざわざ会うのでしょうか？相手

のことを尋ね、反応に耳を傾けましょう。あなたのスタートアップについて具体的な意見を求め、なぜ会いたいと思ったのか、なぜ力になってくれそうだと感じたのかを伝えてみましょう。

　絶対に自分が正しいと信じていて、話を聞かない起業家と、常に学んでいて意見を求める起業家の、あなたならどちらに投資しますか？

　ロードショー中に、投資家から意見が得られるのはワクワクするようなことです。得ることのできる考えやアイデアには重みがあります。ルーミスはホームデポ、The Container Store（ザ・コンテイナー・ストア）、ニーマン・マーカス、エース・ハードウェア、アップルストア、ホールフーズの創業者や経営陣と話をした結果、ツリーハウスのビジネスモデルを大きく変えました。意見を求める好奇心と謙虚さを持ち合わせているなら、学び得ることに驚くはずです。変なことを言われたとしても、反論したり、自分のアイデアを弁護したりしないように心に決め、傾聴し、メモを取り、感謝をします。

　思い出してください。仲介者は自分の信用を賭けてあなたを紹介しています。その信用を裏切っていませんか？

質問の例

　「初めて投資した会社について教えてもらえますか？」

　「スタートアップを見てワクワクするのはどんなところですか？」

　「若いスタートアップを見るとき、他の人と違う観点をお持ちですか？」

　「多くの人が反論するような独特の考え方をお持ちですか？」

　「私たちが見落としていることは、ありませんか？」

「遊ぶ」

　遊ぶという言葉は大富豪エンジェル投資家と初めて会ったときにすることとして不適切に感じるかもしれません。しかし、実際に多くの投資家は気に入った案件があると「遊び」ます。「遊ぶ」ということは、投資家が当事者としてスタートアップに参加し、まるで操縦席にいるかのような感覚になることです。具体的にどういうことか説明しましょう。

　「トイストーリー・マニア」「カリブの海賊」等の乗り物デザイナーであり、『The Art of Game Design』の著者でもあるジェス・シェルは、遊びとは以下のようなものだと説明しています。

　遊びには必ずと言っていいほど「このツマミを回したら何が起こるんだろう？」「このチームに勝てるだろうか？」「この粘土で何がつくれるかな？」といった問いに答えています。強制されているからではなく、自分の自由な意志で問いに答えることを「好奇心がある」と言います。だからといって、好奇心があれば遊びが始まるとは限りません。遊びにはさらに何かに触れたり、いじったり、といった能動的な操作も必要なのです。ですから、遊びを定義するとしたら「好奇心のままに、操作すること」と

言えるのではないでしょうか。

　投資家との関係を築く大事な要素は、相手の好奇心を引き出し、あなたのアイデアで遊んでもらうことです。ビジネスモデルを改良する案を出してもらったり、立てている仮説についての意見を聞いたりと、スタートアップが世の中を変える目的や手段についてコミュニケーションをとりましょう。

　誤解しないでください。決して簡単なことだと言っているのではありません。自分のアイデアをいじられるのは嫌なものです。起業家が多くの時間と思いをかけてきたスタートアップを、さまざまな意見に晒してしまうことに恐怖を感じるでしょう。しかし、オープンになることで強力な関係が築かれ、ビジネスアイデアが改良されるのです。

　スタートアップのアイデアに何か物理的な要素はありますか？あるなら持参しましょう。デモがあるなら、見せましょう。何かすでにつくったものがあるなら、見てもらいましょう。見せたら、邪魔しないようにします。つくったものを触ってもらい、もっと遊びたくなるかどうか待ちます。相手が興味を示したら、一緒に遊びます。

　相手が「遊び」に興じているかを知るには、「もしこの部分を変えてみたら……」「〜について考えてみたことありますか？」「〜に使ってみたらいいかも」のようなコメントに注意しましょう。これらのコメントは即興劇における「Yes, and...（そうです。それに…）」の基本姿勢と同じで、あなたのアイデアを二人のアイデアへと進化させます。

　それができたらフレンドシップ・ループの次のステップへ進むことができます。

スタートアップ事例：Karma

　「私たちは初のイケてるモバイル・プロバイダーをつくろうとしています」というのが、KarmaとKarmaの創業者スティーブン・ファン・ウェルのオープニングです。Karmaは従量課金のモバイルWi-Fiサービスです。Techstarsのニューヨーク支店のマネージング・ディレクターと偶然出会ってから勢いづき、シードラウンドで100万ドルを集めようと決めました。その後すぐに、自分たちのスタートアップには、2つの点で好き嫌いが分かれることに気づきました。1つ目は、ハードウェア会社だということです。目の前に実体のある製品を見ると、すぐさま反応があり、好き嫌いがはっきり表れます。2つ目は、モバイル回線のプロバイダーだという点です。小規模で成功しているプロバイダーはほとんどなく、AT&Tのような大手とやり合うのは相当難しいわけです。

　このため、スティーブンが投資家と話をするときには、最初の3分のうちにその2点をはっきりと伝えるようにしました。「必ずアクセスポイントを持参しました。まず製品を取り出し、テーブルに載せておきます。そして、相手が触り始めたら好きだという証拠で、触らなければ嫌いだということです」。

　1カ月間でスティーブンは200人の投資家に会いました。「180人位にはバカだと思われました。」と彼は言います。「そして、20人には本当に気に入られました。」その20人のほとんどは最初の3分位で投資することを決めていたそうです。当時を振り

返ってスティーブンはこう言います「興味を持ってくれた人は本当にワクワクしているので、すごく助かりました。話が発展しそうかどうかの判断がしやすかったからです。」

　Karmaの創業者たちは、最初に議論を呼ぶポイントを紹介することで、興味があるかどうかの判断材料に使いました。そもそも興味のない投資家を甘言でつるようなことをするのではなく、興味がある人は強く惹きつけ、そうではない人は恐れて離れるのです。良いアイデアの評価は必ず素晴らしいと感じる人と馬鹿げていると感じる人に分かれます。投資家の反応を二分するポイントがどこにあるのかを理解し、早いうちに投資家に伝えましょう。

反論に対処する

　どんなスタートアップも、ごまかしたり隠したりしたくなるような弱点があるものです。また隠すつもりはなくても、投資家に質問されるまで気づかないような欠陥を持つビジネスアイデアもあります。そうすると惨めな思いをし、後悔することになるかもしれません。

　投資家の前で恥をかかないためにも、最初はよく知っている人や信頼する人に相談するのがよいでしょう。そのような相談を通じて、ビジネスの弱点をあぶり出し、正直に正面から反論に対処できるようになります。

　まずは以下のようなことを確認し、ビジネスの弱点を探ってみましょう。

❶ チームに欠けているのは何でしょう？
❷ 不足している経験や知識、人脈は？
❸ どのような想定のもとで見通しを立てているか？
❹ 一番聞かれて困る質問は？
❺ 競合を過小評価していないか？
❻ 最大のリスクは？
❼ 自分はどうやって得するのか？そのことを知っているのは誰？

　準備をいくらしても、答えようのない質問は必ず来ます。無知であることに向き合いましょう。「わかりません。調べてお伝えします」という回答は、信頼を築くことにつながり、次に連絡するチャンスをつくります。また、「それは今チャレンジ中です。こうやっているのですが、どのように思いますか？」と尋ねることで投資家からの意見を聞き出すこともできます。ウソで返すのは止めましょう。バカに見えるだけです。

　投資家に何度も同じ質問をされるようなら、FAQスライドを付け加えてみるのもいいでしょう。

12 喜ばせる

「いかがいたしましょうか？ミスターボンド」
「飲み物だけでいい。マティーニ。ステアではなく、シェイクしてくれ。」
——ゴールドフィンガー

- すぐにフォローする
- 手書きの感謝メモを送る
- 心のこもった贈り物をする
- 自分の持つ人脈や資源を具体的に提案する

1人どうしても支援してもらいたかった
投資家がいたんです。
しかしまったく興味を持たれませんでした。
既存の出資者から
フォローのメールを書いてもらうことにしました。
2時間かけて2行のメールを彼に書きました。
するとその出資者から
「ちなみに、あのメールは非常に効果的だったよ」
と言われました。

Boosted Boards（ブーステッド・ボード）共同創業者
サンジェイ・ダストール

打ち合わせはうまく運びました。でもルーミスは相手が興味を持ったかどうかわかりません。椅子から立ち上がり、時間を割いてくれたことを感謝します。握手をしてカフェを出て別れました。数週間後、ルーミスはその打ち合わせで起きた些細なことを思い出しました。

打ち合わせの冒頭でその投資家は、結婚記念日に夫婦で地中海に行くことを話していました。ルーミスは土地勘があったので、どのホテルに滞在するのかを尋ねました。

聞き覚えはなかったものの、ノートにホテル名を書き写しておきました。そして数週間後、その記念日が数日前に迫っていることを思い出したのです。親切心から、ホテルに連絡し、ワインのボトルと手紙を部屋に送るように手配しました。1カ月後、1文だけの手紙が届きます。

「25万ドル出させてください。思いやりをありがとう」

なんて値打ちのある100ドルの使い方でしょう。感謝の行為を通じて表現される思いやりは、起業家が発揮できる貴重でかつ強力な力です。手書きの手紙や小さくてもパーソナルな贈り物。でなくても、約束をきちんと守るだけでも、世の中の当たり前からあまりにもかけ離れているため人は驚き、喜びます。

喜びが大きいと、人は何かをしてくれることがあります。

フレンドシップ・ループの3つ目のステップ──喜ばせる──というのは、単にやってくれたことだけではなく、出会った人自身に深く関心を持ち、それを表現することです。喜ばせる方法は無限にあります。誰かが遅刻をしたり約束を忘れていても気品や親切心を示したり、頼まれたことをしっかりとやり切ったり、会社の弱点と対応策をオープンに伝えること。

期待していないことをされると相手は喜びを覚えます。期待を超えることが喜びをつくり出すということを起業家は知っておくべきです。出会う人たちを喜ばせる4つの行動──すぐにフォローすること、手書きの感謝メモを送ること、心のこもった贈り物をすること、相手の力になれるよう自分の持つ人脈や資源を差し出すこと──についてもう少し詳しく紹介します。

12 喜ばせる

すぐにフォローする

打ち合わせが終わったら、話したことや約束したこと、さらには次に関係が発展するステップを書いたメールを毎回送りましょう。言ったことを確実に実行することは、いつも約束を破られている人にとっては喜びになります。

手書きの感謝メモを送る

世の中はデジタルですが、私たちはアナログな生

電子メール例：フォロー
E-mail Script: Following Up

> 件名：（スタートアップの社名）12/11のミーティング
>
> ジェイソン様
>
> ▶ 先ほどはお時間をいただきありがとうございます。代理店を増やすようにというアドバイスは非常にありがたかったです。
>
> ▶ ご参考までに、今私たちがチャレンジしていることは──〔エレベーターピッチを挿入〕
>
> 投資家の方向けの資料を更新しました。ご意見をいただけると嬉しいです。
> ▶ リンクはこちらです。[リンク]
>
> 今後も進展をお伝えしたいと思いますので、数週間ごとにご連絡いたします。
>
> よろしくお願いします。
> エヴァン
> 共同創業者CEO

- 感謝の言葉と個人的なあいさつで始めます
- 通常のエレベーターピッチを加えます
- ピッチ資料を添付します

き物です。これだけデジタルな情報が襲ってくる時代だからこそ、手書きのメモがあなたの感謝や思いを伝える力を持つのです。手書きの手紙を送ることは古くさくなるどころか、より大切になっています。

メモの種類

コレスポンデンスカード 名前の入った厚手のハガキのようなものです。幅15cm、縦10cm位のものが多く、ミーティング後のフォローや感謝メモにぴったりです。

2つ折りカード これもフォローに適しています。書くスペースが多いので、字が大きい人はこちらが向いています。

便箋 便箋での手紙は、親しいコミュニケーションに向いています。例えば、親しい友人の特別なときに送る手紙などの場面に適しています。出会ったばかりの人への手紙には、書くことが紙面の割には少なすぎて、お勧めしません。

レタープレス 本当にこだわるのなら、刻印入りの便箋をつくることも可能です。お金はかかりますが、格式ある印象を与えることができます。

文房具ブランド
- Crane.com
- Americanstationery.com
- Papyrus.com
- Smythson.com

- neimanmarcus.com
- feltapp.com
- hellobond.com

心のこもった贈り物をする

よく話を聞いていると、相手の暮らしや興味について細かいことがわかります。それをヒントに喜ばれる品物を贈ることができます。誕生日や記念日、趣味、興味、関心事は意味ある贈り物のきっかけです。贈り物は相手を喜ばせ、気持ちを和らげ、お返ししたい気持ちにさせます。相手との距離を縮めるきっかけになります。相手が驚くような品物にはどのようなものがあるでしょう。相手が価値ある人であることを実感できるパーソナルな物を贈りましょう。

期待を超えた喜ばれる贈り物の例

- 食事
- 好きな本
- 大好きなレストランのギフトカード
- オペラのチケット
- スポーツ観戦チケット
- 好きなバンドのコンサートチケット
- 相手が支援する社会活動への寄付か参加

自分の持つ人脈や資源を具体的に提案する

　ロードショーで色々な人に出会う過程で、あなたが相手に提供できることが意外と多いことを発見するはずです。フレンドシップ・ループを1周するごとに、指数関数的にソーシャル・グラフが広がります。新しいつながりが新しい情報への窓口となり、その情報は多くの人に価値あるものです。相手の目的やニーズに注目し、持っている資源——記事、イベント、本——が提案できないか考えてみましょう。

13 誘う

「一緒に行く人?」
――ジェリー・マグワイア
(訳注:トム・クルーズ演じる『ザ・エージェント』主役)

・依頼の仕方
・依頼の種類
・投資の種類
・クロージング

> こういう状況だ。
> 僕がエンジェル投資家で、
> 君のピッチを気に入った様子で
> もうすぐミーティングも終わりだとしよう。
> クロージングをしてくれ。
> （こういう状況では）いろんなことを
> デタラメに試す人しか見たことがないんだ。
> そんな状況に慣れていないからね。
>
> Techstars オースチン支店マネージングディレクター
> **ジェイソン・シーツ**

> 会う人の中には、
> 気に入ってくれると多い場合は10人もの人を
> 紹介してくれます。
> なんて親切なんでしょう。
> 誰かがわざわざ助けてくれたりすると感動します。
>
> Everest 創業者
> **フランシス・ペドラザ**

「とても興味を持っていただけたようですが、次のラウンドに参加していただけますか？」

「私たちのアドバイザーになっていただけますか？」

「私たちの会社は投資の対象としていかがでしょうか？」

「どなたか力になってくださりそうな方をご存じではないですか？」

「欲しがり」に見られるのを好む人はあまりいません。人に何かをお願いすることは、自立していたいという気持ちを痛いほどに逆なでします。そしてその中でもお金をねだることが起業家にとって一番気分の悪いことかもしれません。人にお金を求めると、急に個人的な感情や思いが浮かび上がってきます。両親にお金の使い方について説教されたことが思い出され、起業について抱えていた不安が押し寄せます。起業家のフリは十分したのでそろそろちゃんとした仕事に就くべきかもしれない……。周囲からはやめろといわれているし……。変な評判がついているかも……。

なぜ「依頼」することが人に居心地が悪いと感じさせるのでしょうか？断られる恐怖でしょうか、バカに見えることでしょうか、スタートアップが失敗するのではないかと押し殺していた不安でしょうか？さまざま恐怖はあるかもしれませんが、真実をお教えしましょう。あなたが会社の成功と自分たちの力を信じているのなら、あなたに出会い、お金を出すことは投資家にとって最高の出来事なのです。

強がりで言っているのではありません。起業家にとって分の悪いチャレンジであることは、どの投資家も知っています。投資家が欲しいものは、つまり仕事で求めていることは、世の中を変えるような情熱あふれる起業家からの依頼です。

フレンドシップ・ループの最後のステップ──誘う──は、このような依頼の技術に関するものです。このステップでは、相手にとっても良いことを依頼している、という信念に基づくものです。文字どおり相手を誘い、「これを気に入ってくれると思います」や「一緒にすごいことをやりましょう」という意味です。スタートアップの仲間に誘い入れる前に、具体的な内容を決めないといけません。次にその内容を相手がとる次の行動にまで分解します。最後に、少し変に聞こえるかもしれませんが、誘う言葉を下書きし、練習し、緊張で頭が変になりそうな状況でもおかしなことにならないように準備します。

依頼の仕方

何に誘うのかを決める

何に誘うのかは、相手やスタートアップのステージ次第です。初期の頃はただ単に、電子メールやミーティングで定期的に進捗を共有する仲間として誘うというフレンドシップ・ループにいれておくだけかもしれません。この過程で共同創業者や重要なパートナーが見つかることも珍しくありません。また、正式なアドバイザーとして誘い、就任の依頼をすることもあります。難しい事案を相談したり、問題解決を手伝ってもらったり、将来的な投資家とし

13 誘う

ても協力してもらうアドバイザーです。そして最後に、投資家として誘い、投資を依頼することもあります。

　何に誘うのかを考える際に、次のポイントを確認しましょう。

- 相手に望むのは何でしょうか？
- 代わりに何を差し出しますか？
- 一緒に行うことは何でしょうか？

誘うことを次の一歩にまで分解する

　もし相手が「はい」と言ったらどうしますか？当たり前すぎて変な質問のように感じるかもしれませんが、多くの起業家はその答えを用意していません。「パートナー」「アドバイス」「投資」といった言葉は曖昧です。実際にパートナーになったり、アドバイスをしたり、投資をするというためには、一連の細かい具体的な作業が必要とされます。

　チップ・ハースとダン・ハースは『スイッチ！――「変われない」を変える方法 』（千葉敏生訳、早川書房刊）で、その原理を解説しています。それによると、曖昧なゴールは達成が難しく、小さく具体的なゴールは達成しやすくなり、行動に移しやすいということです。誘うことを分解し、次にとってもらいたい具体的な行動にするとよいでしょう。投資家の「誘い」をクロージング、つまり確定していくプロセスを紹介します。

誘い文句を下書きし、練習する

　ほとんどの起業家はピッチの冒頭の30秒を練習するものの、締めくくりの15秒を練習しようとは思わないのはなぜでしょうか？正念場に何を言うべきかきちんと覚えて臨むべきです。さまざまな誘い方の準備をする上での注意点を紹介します。

投資家に質問を投げかける

　やはり正面からの依頼は難しいものです。きまりが悪くても「〜千ドルの出資をしていただけるということでいいですか？」と確認しなければ、相手の意思がわからずじまいです。成り行きに任せると、「ご静聴ありがとうございます。ご興味があるようでしたらご連絡をお待ちしています」と言ってしまいがちですが、これはよくありません。まず連絡はないと思った方がよいでしょう。

　依頼をするタイミングは、相手が目の前にいるときです。「わかりました。〜ドルの出資をします」と言ってもらいましょう。投資家がバリュエーション（評価）や投資条件をあまり気にしないこともあります。

依頼事項をはっきりさせる

　いくらの資金が必要なのでしょうか？それを何人から集め、どのように関わってもらいたいのでしょうか？期待していることを具体的にします。

投資家を「ミッシング・リンク」（鍵となる欠けている要素）として位置づける

人は大きな貢献をしたいものです。投資家の貢献が、まるで大きなパズルの最後のピースのように感じてもらえるなら、依頼を受け入れる可能性は高まります。

不足している条件を表面化する

投資家が興味を持つということは、いくつかの条件をクリアすれば、投資するであろうとTechstarsでは教えています。どうすれば100％投資が確定するのかをこちらから質問することで、相手の感じている不安点を表面化させ、対応が可能になります。

投資家に沈黙を破ってもらう

イエスを言いやすくするということは、ノーを言いにくくすることでもあります。沈黙を恐れず、相手に発言してもらいましょう。ある友人はこのようなアドバイスをしてくれました。「依頼をしたら、黙ってゆっくり水を飲むといい」

依頼の種類

確認するべきこと

ロードショーの経過はどうだろう？ あと1つか2つの確約が取れれば調達は終わるのか、まだ最初の1つも完了していないのか、どのような状況にあるのかによって依頼の内容は変わってきます。

どういう立場で投資してもらいたいか？ その投資家にリード投資家になってもらいたいと考えていますか？過去の投資先から判断して、いくらくらいの出資が妥当なのかを考えましょう。5万ドル、25万ドル、100万ドルといった具体的な数字も決めておくのがよいです。

相手は本当に興味を持っているのだろうか？ どのような質問をしてくるか、熱心に話を聞いているか、身振り手振りはどうでしょう。依頼をする時までには相手の興味レベルを把握しておきたいところです。

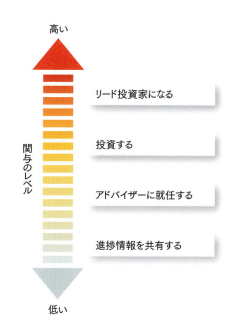

DEEP DIVE
深堀りコラム❾

進捗情報

　会う人ほぼ全員を進捗情報の連絡先として誘うことになると思います。情報発信は毎月あるいは2カ月に一度行うとよいでしょう。やってきたこと、今後やりたいこと、直面している課題という内容を書きます。簡潔なメールを心がけ、公表できる情報だけにします。出資を受けた投資家とアドバイザーには別のメールを書き、内容も踏み込んだものにすることを勧めます。

　いきなり送信先リストに加えるようなことは避け、相手の意思を確認をしてからメール配信しましょう。打ち合わせが終わる前に、「数週間に一度ぐらいの頻度で進捗報告をお送りしてもいいですか？」と尋ねます。ほとんどの人は進捗を知りたいと考えています。

スタートアップ例

　Waneloの創業者兼CEOディーナ・ヴァルシャスカヤは投資家向けの情報共有で経験したことを共有してくれました。

　投資家向けに情報発信のメールを送った方がいいです。そのメールの件名には、月ごとのユニークユーザー数を記載します。私が資金調達を始めた時には、毎月10万人だったユニークユーザーが、初めて調達に成功し、資金が振り込まれたときには100万人近くになっていました。

　進捗メールの件名にユーザー数だけを書くという作戦はうまくいったと思います…。最初の投資家が決まった直後、フラッドゲートのアン・ミウラ・コウは進捗メールに反応し、リード投資家になることを申し出てくれました。

進捗メールの例

　オースチンを拠点にするヘルスケアスタートアップであるFilament Labs（フィラメントラボ）のニュースレターを参考にさせていただきました。

受取人以外のメールアドレスが表示されないようにします。MailChimpのようなメールサービスやBCCを活用しましょう

件名：フィラメントラボ進捗情報――「勢いをつくる」

特徴のある件名にし、社名を入れます。本文は読まれない可能性があるので工夫しましょう

投資家、アドバイザー、友人各位

テックスターズを卒業するところですが、ようやくエンジンがかかってきました（^ ^）ジェイソンによるデモデーのピッチはこちらでご覧ください。メディアでの紹介はこちらです。

「斜め読み」に対応した構成

依頼事項がとてもはっきりしています

必要なこと

投資家への紹介：ヘルスケアとSaaSに明るいエンジェル投資家を探しています。できればオースチン在住の方を希望します。

従業員募集中です！iOSとAndroidの開発者として。社員番号4と5になります。

進捗

資金調達は順調です（新規で15万ドル決まりました）。

深く知りたい人にはリンクを提供 ⟶

50万ドルを目標にロードショー中で、12.5万ドルは確定済み、前回のメールから15万ドルの新規確約があります。コリンシアン病院のネイマン医師もシードラウンドに参加する意向を表明してくださっています。

オースチンA-Listに選ばれました*。（訳注：オースチンの有力なスタートアップだけが出場できるイベント）。

CNNが選ぶオースチンのスタートアップトップ5に選ばれました。

SXSW（サウスバイ・サウスウェスト）では今年のベスト5スタートアップに選ばれました。

ミシガン大学の依頼で400人の学生の前で講演を行いました。

ミシガン大ENTR407プログラムの学生400人向けに、起業経験を話しました。このプログラムの過去の講演者にはジム・マクケルビー（スクエア共同創業者）、トニー・ファデル（ネスト創業者）がいます。動画はこちら。

投資家向けピッチ資料

フィラメントラボは医療提供者が現場を離れていても患者の管理を可能にする患者プラットフォームを構築しています。慢性疾患における患者のコンプライアンス（薬剤服用順守）を得意としており、まず点滴と透析という、クリニック数1万4000、270億ドル市場にフォーカスします。第1四半期の初期には全国20クリニックへと展開します。最初の顧客には出資もしていただいており、大手医薬品サプライヤとの戦略提携も行っています。

フィラメントラボはテックスターズ・オースチンを2013年に卒業した企業です。創業者チームは過去WebMD、Expedia、Rev

Worldwideへの事業売却によるエグジット経験を持っています。

投資家向け資料とエグゼクティブ・サマリーはこちらからダウンロードしてください。エンジェルリストのフォローもこちらからお願いします。

医療豆情報：ウィレム・コルフというオランダの医師が、ドイツの占領下、世界初の人工腎臓を1943年につくりました。

物資が少ない中、コルフはあり合わせのソーセージ容器や飲料缶、洗濯機、その他の部品を使って最初の装置を製作しました。

引き続き皆さまのお時間、ご関心、ご助言を賜りますようお願いいたします。

ジェイソン、コリン、ブライアン

投資の依頼方法

投資の依頼をする時は、相手に合わせ、資金調達の状況に応じて一つ一つ内容を変えることになります。5パターンの例を紹介します。

1．試験的

状況：まだ資金調達をするかどうか決めていません。投資家が興味を持つかどうか、将来のために感触を得ておきたいとあなたは考えています。
例：「近い将来、資金を集めることになります。そのとき、私たちの会社を検討していただけますか？」

2．パートナー

状況：資金と同じくらいその投資家の経験と知見を、得たいと考えています。
例：「この業界での経験と情熱を十分にお持ちであることは誰もが認めるところだと思います。まさに私たちが必要としているパートナーです。仲間になってくださいませんか？」

3．好きな人と仕事をする

状況：経済的なリターン以外だけでなく社会的なインパクトを重視する相手に、強い興味を感じています。
例：「御社のことが好きになりました。すごいことをなさっていますね。何かワクワクするような仕事を一緒にやりませんか？」

4．バリバリ型

状況：時間も限られており、相手はきっぱりした大富豪です。
例：「1つお願いがあります。100万ドルの出資をお願いしたいのですが。」

5．慣性

状況：ラウンド調達額の半分以上は集まっています。
例：「調達したい額の大半は集まっていますが、もう少し集めたいと思っています。最後の投資家として100万ドルをお願いできませんか？」

クロージング

クロージングの要素

多くのクロージングに関わる要素を紹介します。必ずしも毎回同じプロセスを通る必要がないかもしれません。単に振込口座番号だけを知りたい投資家もいます。

口頭での「イエス」　投資家が投資意思を示します。

契約書（タームシート）　投資契約書──約束の内容を書面にした書類──を受け取ります。VCなら必ず、エンジェルなら一部は投資契約書を結びます。他の各資金提供者はそれぞれの契約書の形態をもちます。

デューデリジェンス　投資家は一連の公式な調査を行います（あなたも調査した方がいいでしょう）。

サインと送金　契約書にサインし、口座に資金が振り込まれます。

デューデリジェンス：クロージングに必要な作業

デューデリジェンスのプロセスは投資家によって異なりますが、いくつかの共通点があります。

法務・会計

　法務・会計上の観点から、正式に出資を受ける合意をするまでに次の点をクリアしていることが求めらます。もちろん、法的な内容なので、最終的には弁護士と相談することをお勧めします（言い換えれば、ここで書いている内容は法律家のものではありませんので自己責任でお願いします……）。（訳注：日本における手続きはアクセラレーターやスタートアップに詳しい弁護士に相談することを勧めます）。

デラウェア州のC法人（株式会社）として設立登記
　その理由を一言で言うと、投資家がこの形態を好むからです。

設立後の手続き　定款、内規、受給権（Vesting）の付与計画、知財の整理をします。

税務申告・財務報告書　設立後1年以上経っている場合には、書類を用意します。

スタートアップ専門の弁護士を探す　起業家に評判のよい近所の弁護士を、会う人に尋ねてみましょう。大手ではウィルソン・ソンシーニ・グッドリッチ＆ロサーティ法律事務所、ウォーカー・コーポレート、DLAパイパーがあります。

デューデリジェンスに必要な書類

デューデリジェンスに向けて次の書類を用意しておきましょう。

財務情報の履歴　過去の納税申告書や損益計算書

定款　公式な法人であることの証明

内規　社内の意思決定に関する規定

組織図　従業員のリストと役割、指示命令系統

財務計画　12カ月から3年間先までの収益・費用の見通し、およびその前提

資本政策表　スタートアップ企業が発行する株式の保有者と持分、持分比率を記録したもの。

起業家が行うデューデリジェンス

　デューデリジェンスは双方向で行うものです。投資家の調査を行う上で確認しておきたい点を紹介します。

調査サイト

- Linked In
- Gust（ガスト）
- エンジェルリスト
- Quora（クオラ）

投資家に尋ねること

　過去の投資で、起業家との関係が苦いものになった時のことを教えてください。

その投資家の投資先に尋ねること

　もう一度出資してもらいたいですか？お金以外で一番得られたものは何ですか？

サインと送金

　資金調達のプロセスでもっとも簡単なステップです。弁護士に頼めば書類を作成してもらえます。その書類をHelloSignやDocuSignなどの契約書サイトにアップロードし、（未開設なら）銀行口座を開設し、電子メールで送金先の情報と一緒に契約書へのリンクを送ります。

ジェイソンさん、

サインの方法を2つ提示 → 送金の手続きについて下記の通りご連絡します。サインのページを添付していますが、オンラインにてサインする方が宜しければ、そのリンクもお送りします。

送金指示は単純明快 → 送金先：
口座名義：何とかベンチャーズ
口座番号：123456789
ネブラスカ州オマハ市
アメリカ通り123

銀行名：シリコン銀行
ABA/Routing #:1234567 / SWIFT CODE: SVB020
カリフォルニア州ロサンゼルス市
トーマン通り2000　郵便番号91500

確認連絡の依頼 → 5万ドルの振込について、お手数ですが、手続きが完了しましたらお知らせ願います。入金確認が取れましたらご連絡します。
いつもご支援ありがとうございます。

よろしくお願いいたします。
エヴァン

おわりに

エヴァン・ベアー

より多くの人が豊かになる社会の実現に向け、自分たちを取り巻く世の中を変えることに私は常に情熱を傾けてきました。若い頃は、法律と政治が情熱の対象でした。テレビを見ると、「自分たちを取り巻く世の中」について語る人は、全員弁護士あるいは政治家だったからです。その時の知識をもとにディベートと法律を学び、政治や公共政策を目指すことにしました。

プリンストン大学ウッドロウ・ウィルソン公共政策・国際関係大学院に入り、大きなシンクタンクやホワイトハウス、アメリカ連邦議会で仕事をしました。そこで私が見たものは、長い「下積み」でゆっくりと年功序列の社会を登りながら影響力を得るシステムです。そのシステムは卓越や創造力ではなく、年齢と人脈が支配します。所属していたシステムは社会に巨大な影響を及ぼしているにもかかわらず、個人としては無力でした。

その時、私はピーター・ティールという魅力的な人と知り合い、一緒に会社をつくりました。彼の持つ世界観と経験が学ばせてくれたのは、起業することが、社会を変える手段として有効かつ、おそらくもっとも優れた手段だということです。その20年前にピーターは私と同じ夢を持っていました。スタンフォード大学の学部生としてスタンフォードレビュー（訳注：スタンフォード大の学生新聞）を創刊し、私も大学4年生の時にプリンストントリーという姉妹紙の編集をしていました。ピーターはその後法科大学院に進みましたが間もなく、起業と技術に関しての情熱が生まれて、ペイパルを創業し、のちにPalantir（パランティール）、フェイスブック、

SpaceX（スペースX）、AirBnbといった世の中を劇的に変えた企業に投資をしています。

　これらの企業は、以下の問いを立て、社会を変革するビジョンを掲げています。

- 連邦準備銀行によるひどい金融政策を止めるには？国際的な通貨をつくればいい（ペイパル）
- 宇宙開発を加速するには？より良い、より早いロケットの発射技術をつくればいい（スペースX）
- ひどい乗り物となってしまったタクシーの組合を破壊するには？誰もがタクシードライバーになれるようすればいい（Lyft）
- 米国のテロ攻撃を防ぐには？オンラインの詐欺防止技術を応用したデータ分析と可視化システムをつくればいい（パランティール）

　若い頃は同じ問いに対し、大統領になることや、ホワイトペーパーを書くこと、本を書くこと、議会のロビー活動、等々といった答えを出していたことと思います。今では、社会を変革するには、起業家になることがより効果的で早い手段だと信じています。

　起業家精神、つまりアントレプレナーシップは、「現状コントロールしている経営資源にとらわれることなく動員すること」とされています。アイデアに着想した瞬間、あなたは1人です。目の前の巨大な夢には多くの協力者──最初はアイデアの相談者として、その後はパートナーとして──が必要です。アイデアを具現化するために、資源を動員し、活用するのが起業家です。

単に事実を提示することではありません。結局のところ、何かを売り込むことができなければ、世の中は変わりません。従業員の採用であっても、資金を調達することであっても、顧客に商品を売ることであっても、何かを売り込む最善の方法はストーリーを語ることです。だから私はピッチ資料が大好きになりました。

　ピッチ資料は起業時のHowです。現状コントロールしている経営資源を超えて動員するための、背景情報、構造、ストーリーがピッチ資料です。そして動員する資源には資金や知見、そしてもっとも重要な信頼関係が含まれます。

　採用と資源の獲得が起業のWhatです。Howの基本がピッチ資料です。そして意味ある方向に社会を変えていくことが起業のWhyなのです。Whoは起業への招待状を受け取ったあなたです。

アイデアを具現化する

　起業するということは、分が悪いながらもあなたが望む未来をつくろうとすることです。資金がない状態で行うのは極端に難しいことです。が、信頼関係なしに行うのは不可能です。起業家になることは社会の役に立つと私たちは信じています。起業家はイノベーションの担い手であり、雇用を生み、深いレベルの自己実現につながります。もちろん、それはやってみるほど勇気があれば（クレイジーというべきか？）の話です。

　あなたは過去すでにクレイジーなチャレンジをし

ているかもしれませんし、これからかもしれません。ここまでの旅路を振り返り、良かったこと辛かったこと、成功したこと失敗したことを考えると、セオドア・ルーズベルト大統領の言葉が真理だと言えます。

　価値ある人とは批評家ではない。強い者がいかにつまずいたか、あるいはもっとうまくできたかを指摘する者でもない。栄誉とは実際に闘技場(アリーナ)にいた人々のものである。顔が土と汗と血にまみれ、勇敢に努力し、失敗をし、何度も何度も何度も力が及ばないだろう。なぜなら失敗と不十分な結果なしの努力というものはないからだ。本当の努力を知る人は偉大な情熱を知り、偉大な献身を知り、価値ある目的のために身を挺し、成功すれば勝利を味わう。たとえ失敗しても勇敢な挑戦をしてのもので、勝利も敗北も知らない冷淡で臆病な人々が到達し得ない場所にいる。

闘技場(アリーナ)で待っています。

索引

あ行

アーリーステージ……………………………………168
アクセラレーター……………………………………171
エグゼクティブ・サマリー………………………050
エレベーターピッチ…………………………………034
エンジェルリスト……………………………………173
エントリー市場………………………………………042

か行

クラウドファンディング……………………………170
クロージング…………………………………………230

さ行

シードステージ………………………………………168
事業計画書……………………………………………027
視点取得………………………………………………206
シリーズA……………………………………………164
シリーズB……………………………………………164
シンジケート…………………………………………174

た行
デューデリジェンス·····028,231
トラクション·····031,039

な行
ナンシー・デュアルテ·····066,072

は行
パイプライン·····052
バーンレート·····045
バリュエーション（現在の企業価値）·····053
ヒーローズ・ジャーニー·····059
ピッチ資料·····026
フレンドシップ・ループ·····181,184
ベンチャーキャピタル·····178

ら行
リーン・スタートアップ·····027

a~g
Able Lending·····090
Beacon·····094
charity:water·····056
color.adobe.com·····075
Connect·····098
Contactually·····102
Crowdfunded·····163

スパークライン·····066
ソーシャル・グラフ·····189

DocSend·····106
d.school·····153
EBITDA·····045
Everest·····181
Filament Labs·····227
First Opinion·····110
Freight Farms·····114

h~n
Hinge·····118
Indiegogo·····163
IPO·····164
Karma·····122
Kickstarter·····163
LTV(顧客生涯価値)·····052
Man Crates·····126

o~u
Reaction,Inc.·····130
SAM(対象市場)·····042
Shift·····134
SOLS Systems·····138
TAM(有効市場)·····042
Tecstars·····122,152
Tegu·····142
Tree House·····146

v~z
Y combinator·····028

翻訳者紹介

津田真吾 Shingo Tsuda

株式会社インディージャパン 代表取締役 テクニカルディレクター
早稲田大学理工学部卒業。日本アイ・ビー・エムにてハードディスクの研究開発に携わる。世界最小のマイクロドライブ、廉価型サーバーHDDなどの革新的なプロジェクトを数多く手がけ、技術的にも多くの特許を取得。保有特許は17件。iTiDコンサルティングにて新製品開発支援、イノベーションマネジメント、新規事業の支援などを実施後、インディージャパンを設立。

監修者紹介

津嶋辰郎 Tatsuro Tsushima

株式会社インディージャパン 代表取締役 マネージングディレクター
大阪府立大学航空宇宙工学専攻修士。学生時に人力飛行機チームを創設し、鳥人間コンテストでは2度の優勝と日本記録樹立を果たす。その後、レーシングカーコンストラクターでは空力デザイナーとしてシリーズチャンピオンを獲得。半導体製造装置ベンチャーの創業・事業立ち上げを先導の後、iTiDコンサルティングに入社。国内大手メーカーの新規事業立ち上げ支援、新製品開発支援、風土改革のほか、イノベーション人材の育成プログラムを中心とした各種セミナーの実績を持つ。インディージャパンを設立。

STAFF

ブックデザイン・DTP｜遠藤陽一 ＋ 金澤 彩（DESIGN WORKSHOP JIN, inc.）
編集｜昆 清徳（株式会社翔泳社）

巻き込む力
支援を勝ち取る起業ストーリーのつくり方

2016年12月8日　初版第1刷発行

著者	Evan Baehr（エヴァン・ベアー）/Evan Loomis（エヴァン・ルーミス）
翻訳	津田 真吾（つだ・しんご）
監修	津嶋 辰郎（つしま・たつろう）
発行人	佐々木 幹夫
発行所	株式会社翔泳社（http://www.shoeisha.co.jp/）
印刷・製本	株式会社加藤文明社印刷所

＊本書へのお問い合わせについては2ページに記載の内容をお読みください。
＊落丁・乱丁はお取り替えいたします。03-5362-3705までご連絡ください。
＊本書は著作権法上の保護を受けています。本書の一部または全部について、株式会社翔泳社から
　文書による許諾を得ずに、いかなる方法においても無断で複写、複製することは禁じられています。

ISBN978-4-7981-4869-4　Printed in Japan